Les Prolétaires Intellectuels en France

Les Prolétaires Intellectuels en France

PAR

Henry Bérenger, Paul Pottier, Pierre Marcel
P. Gabillard, Marius-Ary Leblond

PARIS

ÉDITIONS DE *LA REVUE* (Ancienne *Revue des Revues*)

12, AVENUE DE L'OPÉRA, 12

PRÉFACE

La série d'études qui composent le présent ouvrage, parut d'abord à des dates diverses, dans la *Revue des Revues*. C'est grâce à la puissante publicité de cet organe que le problème du Prolétariat Intellectuel est devenu un problème mondial. L'honneur restera à M. Jean Finot, directeur de la *Revue*, d'avoir, le premier, compris la grandeur du duel inégal qui oppose l'Intelligence à l'Argent dans nos sociétés contemporaines, et d'avoir inspiré à ses collaborateurs le désir de le décrire en leur donnant les moyens de le faire connaître.

Aussi, quand bien même ce ne serait pas pour les auteurs de ce livre un rare plaisir d'associer à leur œuvre la pensée du philosophe et de l'ami, la gratitude leur commanderait encore d'inscrire en tête de leurs études le nom de celui qui les a rendues possibles. Il s'y joint pour eux la fierté de rappeler ainsi leur solidarité avec une Revue qui, par des temps de réaction et de complaisances intellectuelles, a maintenu en France et dans tous les domaines de l'activité cérébrale, les droits intangibles d'une critique aussi soucieuse de vérité qu'éprise de liberté.

LES AUTEURS.

CHAPITRE PREMIER

Les Prolétaires intellectuels en France

Les nouvelles Universités françaises sont fières du chiffre toujours croissant de leurs étudiants. Elles mettent leur point d'honneur à l'augmenter, et c'est entre elles et les Universités allemandes une façon de sport à qui produira, dans ses statistiques annuelles, un plus fort total d'élèves. Il faut lire (1) les livres de MM. Liard et Lavisse, les deux principaux architectes de notre enseignement supérieur, pour comprendre la sorte d'enthousiasme qui les a saisis devant le résultat de leur œuvre.

(1) LAVISSE : *Questions d'Enseignement National ; Études et Étudiants ; À propos de nos écoles.* — LIARD : *Universités et Facultés ; L'Enseignement supérieur en France.*

Dans cette foule de jeunes Français qui assiègent amphithéâtre et laboratoires, ils saluent les pionniers et les servants de la Science. Plus leur nombre sera grand, plus la Science sera vivace. Et, comme enivrés de la grandiose abstraction que serait une Université purement scientifique, ils saluent les recrues sans cesse débordantes de la jeunesse intellectuelle, ils acclament en elle l'élite qui régénèrera la France. Entendent-ils la rumeur, sourde mais formidable, de tous ceux que l'Université déçoit, qui lui doivent plus d'élévation pour tomber dans plus de misère, et que, de toutes parts, l'on commence à nommer *les prolétaires intellectuels* ?

I. — DÉFINITION ET CARACTÈRES
DU PROLÉTARIAT INTELLECTUEL FRANÇAIS.

Quand le prince de Bismarck fit entendre pour la première fois cette alliance de mots : *le prolétariat des bacheliers,* l'on fut bien près de n'y admirer qu'une boutade du terrible ironiste. Aujourd'hui c'est *prolétariat des licenciés,* et même *des agrégés,* qu'il faudrait dire. Il n'est plus, en France ni en Allemagne, de grade universitaire, si élevé qu'il soit, qui mette à l'abri de la misère, ou tout au moins de la gêne, plus torturante parfois que la misère.

Jusqu'à ces dernières années, il semblait que le mot *prolétariat* dût s'appliquer seulement à des ouvriers travaillant de leurs mains. Un prolétaire, c'est l'homme qui, vivant de son seul salaire, n'arrive pas à vivre avec ce salaire, et se trouve à la merci d'une maladie, d'un renvoi, d'un chômage, d'un accident, d'une perte d'argent quelconque. Pendant longtemps, les seuls prolétaires furent des ouvriers d'industrie, de petits employés de commerce, ou des fermiers paysans. Le privilège des professions libérales fut précisément d'ignorer ce prolétariat. Elles eurent leurs *bohêmes*, leurs *déclassés*, leurs *réfractaires*, mais les prolétaires intellectuels n'existaient pas, sauf peut-être une petite troupe d'hommes de lettres besogneux.

Des étudiants qui n'étudient pas ; des fils de famille qui s'amusent avec des grisettes ; des excentriques qui, mangeant en trois jours leur pension d'un mois, narguent la misère le reste du temps ; des fous et des niais qui trouvent drôle de vivre à l'envers et de prendre leur jeunesse comme une farce ; des fainéants sans talent ni volonté, ayant la chance que leurs pères aient amassé l'argent qu'eux gâchent ; de médiocres plaisantins qui feront de médiocres hommes sérieux : voilà Rodolphe, voilà Schaunard, voilà Colline, voilà les Bohêmes de Murger (1), espèce absolument disparue de la jeunesse d'aujourd'hui, qui n'a plus de réalité (à supposer qu'elle en ait jamais eu) que sur les planches de la Comédie-Française.

« Une race de gens qui ont juré d'être libres ; qui, au lieu d'accepter la place que leur offrait le monde, ont voulu s'en faire une tout seuls, à coups d'audace ou de talent ; qui, se croyant de taille à arriver d'un coup, par la seule force de leur désir, au souffle brûlant de leur ambition, n'ont pas daigné se mêler aux autres, prendre un numéro dans la vie ; qui n'ont pu, en tout cas, faire le sacrifice assez long, qui ont coupé à travers champs au lieu de rester sur la grand'route, et s'en vont maintenant battant la campagne, le long des ruisseaux de Paris » (2) voilà des Réfractaires, définis par Jules Vallès.

Des hommes riches, indépendants, instruits, qui, par leur paresse, leurs vices ou leurs crimes, se laissent glisser de l'aisance à la misère, de la liberté à la servitude, et qui peu à peu roulent jusqu'aux pires cercles de l'enfer social ; des individus qui s'enfoncent dans la boue, même s'ils sont nés dans la pourpre ou dans l'or ; le déchet éternel de

(1) Henri Murger : *Scènes de la Vie de Bohème.*
(2) Jules Vallès : *les Réfractaires,* page 5.

toutes les aristocraties et de toutes les bourgeoisies ;
d'incorrigibles rebuts humains qu'une attraction
aussi fatale que la pesanteur ramène sans cesse aux
plus bas-fonds de la société ; des millionnaires qui
finissent mendiants, des notaires qui finissent for-
çats, des professeurs qui finissent chiffonniers, des
propriétaires qui finissent balayeurs : voilà les déclassés, tous ceux que Balzac et Dickens ont peints, en
traits inoubliables, dans leurs Comédies Humaines.

Bohèmes, réfractaires, déclassés, — ce sont encore
des bourgeois. Bourgeois en marge de la bourgeoisie,
conspués et reniés par elle, mais bourgeois cependant. Il leur suffira d'une chance, d'un repentir,
d'une concession, pour rentrer dans le rang. Ils
n'étaient des prolétaires que par accident, et ils ne
seront jamais que cela, dussent-ils ne pas se relever
et finir dans la déchéance totale.

Mais il y a là des hommes qui sont nés pauvres,
fils de paysans, d'ouvriers, de petits employés ou
de hauts fonctionnaires sans fortune, des hommes
qui sont laborieux, rangés, qui ont acquis un
savoir considérable, à force de travail et de privations, des hommes qui demandent à entrer dans
les cadres sociaux avec le bénéfice de leurs grades
universitaires, des hommes enfin qui ne sont ni
des bohèmes, ni des réfractaires, ni des déclassés,

mais bien au contraire des enrégimentés, des soumis, des aspirants bourgeois, — et qui finissent par être des candidats à la faim. Ce sont les Prolétaires Intellectuels. Ils ont demandé à leur instruction de les nourrir, et leur instruction ne les nourrit pas. Ils ont voulu s'affranchir par les professions *libérales*, et elles les ont enchaînés dans des métiers *serviles*. Bacheliers, licenciés, agrégés, ces fils de prolétaires sont restés prolétaires comme leurs pères les paysans, les ouvriers ou les employés, avec cette simple différence qu'ayant cru devenir des hommes libres, ils se sentent plus esclaves.

L'antithèse est vive, mais elle est vraie. Il y a un prolétariat des classes libérales, qui grandit, chaque année, en Allemagne, en Italie, en Norwège, aussi bien et même mieux qu'en France.

Me restreignant à la France, je vais essayer d'analyser ce phénomène social nouveau, d'en indiquer l'étendue, la nature, les causes, et, si possible, les remèdes.

II. — STATISTIQUE
DU PROLÉTARIAT INTELLECTUEL FRANÇAIS.

Si le prolétaire intellectuel est celui qui, né sans fortune, ne vit pas de la profession libérale qu'il remplit, il importe de savoir quel minimum de salaire il lui faudrait pour vivre sans misère. De toute évidence, ce minimum varie avec la profession, les charges de famille et la résidence. Il y a des professions, comme celles d'avocat ou de médecin, qui exigent plus de dépenses générales que celles de professeur ou d'employé. A Paris et dans certains grands centres, la vie est moitié plus chère que dans les petites villes ou les campagnes. Enfin un célibataire peut se passer à moitié moins qu'un père ou un soutien de famille. Il est donc impossible d'établir une moyenne fixe du salaire minimum pour l'ensemble des professions libérales. Dans chacune d'elles, nous retrouverons cette moyenne plus ou moins relevée.

1° *Prolétariat des médecins.* — Il y a, dans toute la France, de 12 à 13.000 médecins, dont 2.500 à Paris et 10.000 en province.

Pour les médecins parisiens, voici la liste approximative des salaires :

```
  5 à  6 gagnent environ entre 200.000 et 300.000 francs.
 10 à 15            —            100.000 — 150.000    —
    100             —             40.000 —  60.000    —
    300             —             15.000 —  30.000    —
    800             —              8.000 —  15.000    —
  1.200 gagnent au-dessous de 8.000 francs.
```

Ces 1.200 médecins, c'est-à-dire la moitié du nombre des médecins de Paris, peuvent être. des prolétaires intellectuels, s'ils n'ont pas de fortune personnelle. Et c'est le cas de beaucoup d'entre eux.

Que deviennent-ils ? Ils se rejettent sur un *exercice louche* de leur profession. Les uns se font *rabatteurs* pour grands médecins ou grands chirurgiens ; les autres se font *pourvoyeurs* de polycliniques équivoques (affaire Boisleux-La Jarrige); d'autres s'associent à des pharmaciens pour écouler des spécialités coûteuses et inutiles ; d'autres encore sont « médecins d'urinoirs » c'est-à-dire, de maladies secrètes ; les derniers meurent littéralement de faim, comme ce malheureux Dr Laporte, qui gagnait 100 francs par mois, lorsque la justice lui mit la main dessus. Ceux-là sont mûrs pour les asiles de nuit.

En province, sur 10.000 médecins, 5.000 au plus gagnent convenablement leur vie. Les 5.000 autres ne sont pourtant pas des prolétaires, comme leurs confrères pauvres de Paris. Les mœurs inquisitoriales de la province permettent difficilement aux médecins interlopes de s'acclimater. On en trouve donc très peu. Ceux qui ne gagnent pas leur vie se rabattent sur le mariage, quand ils peuvent, et peu à peu deviennent cultivateurs, industriels ou rentiers, suivant la dot qu'ils ont épousée. Les moins favorisés se jettent dans la politique et finissent quelquefois par échouer à la Chambre. (Il y a une moyenne de 80 médecins dans le Parlement français).

Les universités fournissent environ 1.200 docteurs en médecine par année. La durée d'exercice pouvant être en moyenne de 20 à 25 ans, il en résulte qu'il y a *une surproduction du double* pour chaque année, puisque 600 à 700 places seulement deviennent vacantes. Je laisse au lecteur le soin de tirer des conclusions sur l'avenir prochain de la carrière médicale en France.

2° *Prolétariat des avocats et des magistrats.* — A Paris, sur 3.000 avocats inscrits, il n'y en a pas 200 qui gagnent au-dessus de 10.000 francs par an. Une cinquantaine au plus dépassent 50.000 francs. En province, la proportion relative est la même. A ne considérer que les chiffres, la profession d'avocat est celle où il devrait y avoir le plus de prolétaires, puisqu'un sur douze seulement gagne de quoi vivre. Mais il n'en est rien. La plupart des avocats appartiennent à des familles riches ou aisées, et leurs revenus les dispensent de vivre de leur salaire. On est « avocat à la Cour » un peu comme on est membre d'un club, par snobisme ou par convenance. Un des plus éminents jurisconsultes de Paris, M. Gaston Mayer, m'affirmait qu'un jeune homme absolument sans fortune ne pouvait arriver à se créer une situation au Palais, à moins d'exception infiniment rare. Quelque talent que l'on ait on ne commence à trouver des affaires lucratives que vers 32 ou 35 ans, et jusque-là, c'est-à-dire pendant dix ans au moins, *il a fallu vivre sans rien gagner*.

Il n'y a donc pas, à proprement parler, un prolétariat des avocats. Mais beaucoup de jeunes gens pauvres, qui ont pris le titre d'avocat, versent dans la politique, le journalisme, ou le répétitorat du droit. Ils y vivent péniblement, mêlant les leçons mal payées aux plaidoieries à bon marché, les conférences sociales aux articles de combat, à cheval sur le palais, le conseil municipal, le parlement et la presse, déjà célèbres et endettés, véritables prolétaires de la parole et de la plume.

La majorité des magistrats ont de la fortune ou épousent des femmes bien dotées. Les salaires de début sont peu élevés (de 3.000 à 4.000), mais ces salaires ne sont qu'un appoint dans l'ensemble des revenus. Il y a pourtant une classe de magistrats qui forme un véritable prolétariat : ce sont les juges de paix. Presque tous licenciés ou docteurs en droit, presque tous sans fortune, ils sont payés entre 1.800 et 3.000 francs, et végètent misérablement entre la bourgeoisie et le peuple, dans une situation matérielle peu conforme à l'autorité morale que la loi leur confère.

3° Prolétariat des professeurs et des instituteurs. — Les jeunes gens qui se destinent à l'enseignement sortent, pour la plupart, du peuple ou de la petite bourgeoisie. C'est dire qu'ils n'ont à peu près aucunes ressources personnelles. Ils ont été élevés comme boursiers dans les lycées de l'Etat ou les écoles normales primaires. Ils ont passé leurs examens ou préparé leurs concours dans les universités. Comment l'université les nourrit-elle ?

Un professeur de collège gagne entre 2.000 et 3.000 francs par an. Un professeur de lycée gagne entre 3.500 et 5.000 francs. S'il est célibataire, il peut vivre avec ce traitement. Mais s'il est marié à une femme sans fortune, il sera dans la gêne perpétuelle. Il lui faudra donner des leçons particulières, souvent à bas prix, et au détriment de sa santé. Il y a environ 1.500 professeurs de collège et 1.800 professeurs de lycée. De plus en plus, ces professeurs sont licenciés, agrégés, et même docteurs. L'accroissement inoui des étudiants dans les Facultés des Lettres et des Sciences depuis 1870 a très vite amené ce résultat. Aujourd'hui la pléthore des licenciés et des agrégés est telle que la plupart d'entre eux se rejetent sur le répétitorat, autrefois méprisé.

Les maîtres-répétiteurs des lycées et collèges sont au nombre de 2.600 environ; 600 à 700 d'entre eux sont licenciés, et aujourd'hui chaque poste de répétiteur est convoité par 10 licenciés. Les maîtres-répétiteurs sont assimilés pour le traitement aux professeurs de collège, c'est-à-dire qu'ils gagnent entre 2.000 et 3.000 francs par an. Ils arrivent à la 1ère classe de leur grade (3.000 francs) vers 41 ans, tandis que les professeurs de collège n'arrivent à cette même classe que vers 46 ans. C'est une question de savoir si le professeur de collège, astreint à 20 heures de cours et à la correction des copies, n'est pas plus surmené que le maître-répétiteur, astreint au service de dortoir, de promenade et d'études. Il semble que la situation des répétiteurs soit meilleure que celle des professeurs de collège, car on en trouve à peine 2 sur 7 qui consentent à devenir professeurs (1). Le répétitorat est devenu aujourd'hui une carrière où l'on se marie, où l'on prend ses grades et même sa retraite. Inutile de dire que cette carrière est un véritable prolétariat.

Les universités créent chaque année 100 agrégés et 1.000 licenciés pour deux ou trois cents places vacantes. Le surplus, sauf une petite minorité d'amateurs, forme la double armée parisienne des professeurs libres ou précepteurs, et des reporters ou journalistes. Un professeur libre peut gagner en moyenne 4.000 à 5.000 francs par an. Mais beaucoup n'atteignent pas ce chiffre. Cette carrière est très fatigante, très aléatoire, et ne va pas sans une certaine domesticité. On peut évaluer à 3.000 le nombre des professeurs libres et précepteurs, qui arrivent à vivre de leur profession.

L'enseignement primaire n'est qu'un immense prolétariat (2). Sur les 150.000 instituteurs et insti-

---

(1) Pour plus de détails, lire le *Journal Officiel,* séance de la Chambre des Députés, 22 mars 1896, discours de MM. Mirman et Rambaud.

(2) Ce paragraphe sur le prolétariat des instituteurs a soulevé de vives polémiques dans toute la presse de l'enseignement primaire. Ceux de nos lecteurs qui voudraient les connaître les retrouveront dans les *Annales Politiques et Littéraires* de février-mars 1898 (articles de M. Francisque Sarcey et ma réponse) et dans le *Manuel général de l'Instruc-*

tutrices qui le forment, 100.000 au moins sont dans
une gêne très voisine de la misère. Les traitements
des adjoints et adjointes varient entre 1.000 et 1.500
francs ! Les directeurs et directrices gagnent plus,
(1.800 à 2.400) mais la plupart sont mariés, et
alors… Malgré cela, la concurrence pour l'obtention
des places est effrayante, surtout à Paris et dans
les grandes villes. Pour 150 places vacantes environ
dans les écoles de la ville de Paris, il y a une
moyenne de 15.000 candidats, soit 100 candidats
pour une place ! (Lire l'*Institutrice de Province*, de
Léon Frapié, et, avec beaucoup de réserves, *les
femmes qui enseignent* de Maurice Talmeyr, dans *la
Revue des Deux Mondes*, du 1er juin 1897). Que
devient ce déchet énorme de candidats et candidates ?
Il contribue à grossir le prolétariat des grands magasins, et aussi, hélas ! celui de la prostitution parisienne sous toutes ses formes.

4° *Prolétariat des ingénieurs.* — Il est incontestable que l'Etat fabrique dix fois plus d'ingénieurs
que la société n'en a besoin.

tion Primaire (article de M. Ferdinand Buisson et ma réponse).
Enfin M. Maurice Kuhn a publié dans l'*Ecole Nouvelle* de
1898-1899 une fort remarquable et fort complète enquête
sur le *Prolétariat des Instituteurs* en prenant comme point de
départ la présente étude.

L'Ecole Polytechnique, qui offre une moyenne annuelle de 1.800 candidats pour 250 places, produit une moyenne de 20 ingénieurs par an. Ces privilégiés de la profession débutent à 4.000 fr. environ, sont sûrs d'être casés, bénéficient de la confrérie, et se marient presque tous assez richement. Quelques-uns pourtant, sortis de familles pauvres et pauvrement mariés, végètent dans l'industrie privée, et finissent parfois dans la gêne, quand les maladies s'en mêlent.

L'Ecole Centrale produit 200 ingénieurs par an ; les différentes écoles d'ingénieurs de Lille, Marseille, Lyon, etc., etc., produisent environ 350 ingénieurs ; les écoles d'Arts et Métiers : 250 à 280. Soit un chiffre annuel de 800 à 900 ingénieurs, dont beaucoup sont sans fortune. Que deviennent-ils ? Les Ponts et Chaussées et les compagnies de chemins de fer en écrèment une petite partie. Les autres se casent dans l'industrie et sont très mal payés. Dans la maison Lebaudy, les ingénieurs chimistes gagnent 1.200 francs par an, et l'ingénieur-chef de laboratoire (point *maximum*) a seul un traitement de 5.000 francs ! La moyenne du salaire d'un ingénieur dans l'industrie est entre 2.000 et 4.000 francs. Il gagne donc moins que certains ouvriers d'élite. Il y a encore l'*ingénieur-chemineau* qu'on loue à la saison, dans les huileries de navette, par exemple, et qui chôme une partie de l'année ; il y a le dessinateur au rabais, le répétiteur d'institutions préparatoires aux écoles, etc., etc. (1).

5° *Prolétariat des officiers.* — Jusqu'au grade de commandant, l'officier, s'il n'a aucune fortune et s'il est marié, est un prolétaire, en ce sens que son traitement est presque inférieur à ses dépenses. Un sous-lieutenant gagne par an 2.500 francs ; un lieutenant 3.000 francs ; un capitaine 3.800 francs. Le point d'honneur et la fréquentation forcée de collègues plus riches obligent l'officier pauvre à des frais assez élevés. Aussi beaucoup font des dettes ou mènent une vie misérable. Il y a là une situation honteuse, et dangereuse, pour la démocratie française.

6° *Prolétariat des grandes administrations.* — Les étudiants en droit ou en lettres qui n'ont pu trouver place dans la magistrature, le barreau ou l'enseignement, se rejettent en masse sur les grandes administrations de l'Etat (ville de Paris, ministères,

(1) Un de nos jeunes romanciers, M. Edouard Estaunié, l'auteur de l'*Empreinte*, et qui est lui-même ingénieur des télégraphes, prépare un roman social sur le prolétariat des ingénieurs.

assistance publique, postes et télégraphes, enregistrement, etc., etc.) et sur les grandes administrations privées (compagnies de chemins de fer, compagnies d'assurances, Crédits foncier et lyonnais, Banque de France, banques, etc., etc.). Ces diplômés font une véritable invasion de candidats autour des emplois vacants, et ceux qui réussissent, bien que dans la proportion moyenne de 1 sur 40, sont encore une imposante armée. On peut évaluer à 25.000 le nombre de petits fonctionnaires de toute sorte (expéditionnaires et commis-rédacteurs), pourvus de titres universitaires, qu'emploient l'Etat et les particuliers. On conçoit que nous ne passerons pas en revue, même sommaire, leurs diverses légions. Leur type se reproduit d'ailleurs avec une régularité quasi-mathématique dans toutes les administrations publiques ou privées. Prenons l'une d'elles, la Préfecture de la Seine (1), elle nous donnera la mesure exacte des autres.

A la Préfecture de la Seine, il y a dans les divers services (mairies, hôtel de ville, assistance publique, etc.) environ 1.600 employés, qui se divisent en deux catégories : les *commis-expéditionnaires* et

(1) Nous devons la plupart de ces renseignements à l'obligeance de M. Sazerac de Forges, chef du cabinet de la Préfecture de la Seine, que nous remercions vivement.

les *commis-rédacteurs*. Les commis-expéditionnaires, chargés spécialement des écritures à copier, sont au nombre de 1.000 environ, et sont payés de 1.800 à 3.900 francs par an. Les commis-rédacteurs sont à peu près 650, et gagnent de 2.700 à 3.900 francs. En 1896, dans les services de la Préfecture, pour 40 places d'expéditionnaires à 1.800 francs, il y a eu 2.300 candidats, soit 40 candidats pour une place, et la plupart de ces candidats étaient bacheliers ou licenciés en droit. La même année, pour 60 places de commis-rédacteurs à 2.700 francs, il y a eu, dans un concours beaucoup plus difficile que celui d'expéditionnaire, 800 candidats pour 40 places, soit 20 pour 1, et la plupart de ces candidats étaient licenciés, ou même docteurs en droit. A l'Assistance publique, il y a eu, en 1889, 250 candidats pour 8 places d'expéditionnaire à 1.500 francs. Et dans tous les ministères (intérieur, finances, commerce, instruction publique, etc., etc.), dans toutes les compagnies de chemins de fer, de banque, ou d'assurances, la même proportion se retrouverait...

Il est certain que des traitements de 1.800 à 3.000 francs sont à peine suffisants pour un célibataire et tout à fait insuffisants pour une famille. A moins donc que l'employé d'administration n'ait une petite fortune, ou une femme bien dotée, il est condamné *à la misère perpétuelle*. Il est à la merci d'une tentation ou d'un vice. Il fait une besogne inférieure à l'instruction qu'il s'est donnée dans le surmenage des concours. Il est le prolétaire intellectuel par excellence. Heureusement beaucoup de ces petits employés ont quelques rentes ou épousent des dots. Mais un bon nombre, *au moins quinze mille,* rentrent dans la catégorie du prolétariat.

7° **Prolétariat des professions artistiques**. — Celui-ci est le plus connu, grâce à la publicité qui s'attache à toutes les professions artistiques. La « Vache enragée » a popularisé le prolétariat des hommes de lettres, des journalistes, des musiciens, des acteurs, des sculpteurs, des peintres, etc., etc. Ils sont bien 4 à 5.000, sur le pavé de Paris, qui, riches seulement de chimères, meurent de misère en attendant la gloire. Un homme de lettres et un journaliste moyennement connus peuvent, en travaillant beaucoup, gagner de 3.000 à 5.000 francs par an (1) ; un musicien ou un peintre, à

(1) Nous renvoyons ici, pour plus de détails, à l'étude publiée par M. Jean Finot dans la *Revue des Revues* (1er et 15 juillet, 1er août 1896) sur la *Presse et les journalistes.* Nous

demi célèbre, gagnera de 2.500 à 5.000 francs ; un acteur ordinaire, de 4.000 à 6.000 ; seuls, les grands ténors de la notoriété atteignent les chiffres de 20.000, 40.000, 60.000, ou même 100.000. Mais ceux-là sont quelques-uns, deux cents au plus. Et encore M. Sully-Prudhomme n'a-t-il jamais gagné plus de 3.000 francs par an avec ses poêmes et M. César Franck moins encore avec sa musique ! S'ils sont nés pauvres ou s'ils ne se marient pas richement, les artistes contemporains sont condamnés à la gêne. Viennent les impuissances, les maladies, les dégoûts, ils sont mûrs pour l'hôpital ou le cabanon. Et ils sont bien deux ou trois mille.....

8° *Prolétariat des politiciens.* — Il y a environ 270 députés sur 580 et 160 sénateurs sur 300 qui appartenaient aux professions libérales avant d'entrer dans le Parlement. Beaucoup d'entre eux, étaient des avocats sans cause, des médecins sans malades, des journalistes ou des professeurs beso-

y relevons entre autres ces chiffres significatifs : « Les deux grandes associations professionnelles de journalistes, l'*Association des journalistes républicains* et celle des *journalistes parisiens*, ont, la première, plus du tiers de ses membres (sur 372 il y en a 134) sans occupation, la seconde, plus du quart sur le pavé (sur 296, environ 96). »

gneux. Il semble que le traitement de 9.000 francs par an, affecté aux représentants du peuple, ait dû les sortir du prolétariat intellectuel. C'est une erreur. Un député ou un sénateur est astreint à une multitude d'obligations pécuniaires (frais d'élection, cotisation à cent sociétés, réception des électeurs, relations officielles, etc., etc.) qui absorbent le plus clair de leur traitement. S'ils n'ont pas d'autres ressources, ils s'endettent, ou... ils font des affaires. C'est alors qu'Arton et le baron de Reinach entrent en scène. Un parlementaire ne peut pas vivre à moins de 25.000 francs par an : s'il n'en a que 9.000, c'est un prolétaire domestiqué par la ploutocratie. Il y en a bien cinq cents comme cela, tant en dehors du Parlement qu'au dedans. Ceux-là sont les pires et les plus dangereux prolétaires intellectuels, car ils gangrènent le cœur même de la nation.

9° *Prolétariat des étudiants.* — Bien souvent, les études universitaires ne sont pas terminées, que le prolétariat intellectuel sévit déjà sur l'étudiant. Il y a en France 27.000 étudiants, dont 14.000 sont à Paris, entassés sur la montagne Sainte-Geneviève. Un bon tiers de ces jeunes hommes (soit une dizaine de mille), n'a comme ressources qu'une bourse ou une pension de 1.500 à 2.000 francs par an. Or, une mauvaise chambre d'hôtel garni, vrai taudis de filles et de misère, coûte de 20 à 40 francs ; la nourriture frelatée du restaurant revient à 60 francs ; l'habillement à 20 francs ; le chauffage et l'éclairage à 10 francs ; les dépenses de café, de livres, etc., etc., à 25 francs : soit 150 à 170 francs par mois, soit 1.800 à 2.000 francs par an. Comment vivre dans ces conditions. Les uns jouent aux courses, d'autres donnent des leçons, d'autres se font reporters, la plupart s'endettent par avance, quelques-uns versent déjà dans les métiers louches. Mal logés, mal vêtus, mal nourris, privés de leurs familles, déracinés de leurs provinces, ballotés entre les bibliothèques et les brasseries de filles, dévorés d'ambition et de misère, inconsciemment humiliés par des camarades plus riches, ces dix mille étudiants pauvres, véritable embryon du prolétariat intellectuel, forment une légion singulière et inquiétante dans la jeunesse contemporaine. Alors se contractent les habitudes, s'aiguisent les convoitises, s'amassent les rancunes se tissent les servages dont toute la vie de l'homme mûr portera les traces.

(1) Le prolétariat des étudiants est la matière même du vigoureux roman de Maurice Barrès : *Les Déracinés*.

10° *Prolétariat des prolétariats.* — Il y a enfin une forme de prolétariat intellectuel qui est comme le déchet de toutes les classes libérales. On trouve toujours plus prolétaire que soi. C'est le troupeau sinistre des vaincus dans la concurrence cérébrale, c'est l'enfer des affamés et des loqueteux en diplômes. Descendez aux asiles de nuit et dans les agences douteuses, vous le trouverez grouillant et infatigable. Un économiste et un sociologue de la plus haute valeur, le scrupuleux et spirituel M. Charles Gide, affirme que « dans les statistiques des asiles de nuit, ce sont les professions libérales qui, proportionnellement à leur effectif, sont le plus brillamment représentées »(1).

Par ailleurs, on sait que les maisons Bonnard-Bidault ou Dufayel se chargent de confectionner à forfait des adresses pour Revues, journaux, mariages, décès, etc., etc. Un employé de Bonnard-Bidault ou de Dufayel, en travaillant 12 heures par jour, et en écrivant 1.000 adresses, soit 2.000 lignes, peut arriver à gagner *deux francs*, soit 16 centimes l'heure ! Et encore ce salaire est-il aléatoire, au jour le jour. Or, dans ces maisons, il

---

(1) Dans un discours prononcé à la séance de rentrée de l'Université de Montpellier, le 3 novembre 1894, sur *les Professions libérales et le Travail manuel.*

y a pléthore de candidats (50 pour une place), et la plupart de ces candidats, qui n'arrivent que par recommandation, sont des médecins, des avocats, des ingénieurs, des professeurs, des hommes de lettres !!!

Toutes les personnes qui ont eu besoin d'un employé instruit, savent qu'on ne doit plus mettre d'annonces, dans les journaux, sous peine de se brouiller avec son concierge, et de voir sa demeure envahie par une armée de bacheliers, de licenciés et d'agrégés aux dents longues et au ventre vide...

Nous sommes arrivés au plus bas cercle du prolétariat des classes libérales. Au-dessous, il n'y a plus que la Pitié, Bicêtre, la Seine ou la Morgue.

III. — CONSÉQUENCES
DU PROLÉTARIAT INTELLECTUEL FRANÇAIS

En soi, tout prolétariat est un mal. Il est injuste qu'un homme en travaillant soit condamné au célibat et à la misère. Et le prolétariat intellectuel est un mal deux fois honteux, car il est une banqueroute aux promesses de l'instruction, une insulte à la supériorité de l'intelligence. S'étonnera-t-on qu'une pareille plaie sociale soit, pour les nations où elle s'étend, et particulièrement pour la France, une cause d'infection dans tout l'organisme ? Indiquons seulement ici quelques-unes de ses plus graves conséquences :

1° *Conséquences psychologiques.* — Suivant qu'elles sont sauvages ou moutonnières, les âmes des prolétaires intellectuels sont fatalement inclinées au servilisme ou à la révolte. Un homme qui ne gagne pas de quoi vivre avec sa profession est souvent réduit à des expédients honteux ou à des sacrifices amers : les premiers l'avilissent, les seconds l'aigrissent. Prenons des exemples : à C..., petite sous-préfecture des environs de Paris, quelques professeurs du collège municipal ne gagnent que 1.900 francs par an ; ils ont femme et enfants. Il leur est matériellement impossible de se vêtir, de se nourrir, de se loger, etc., eux et les leurs, avec leur traitement de professeurs. Que font-ils ? Ils profitent de ce qu'à C..., il y a une grande imprimerie, la maison B., qui fabrique une grande partie des livres parisiens ; au sortir de la classe, ils vont travailler à l'imprimerie, ils corrigent des épreuves, et, le soir, on peut voir leurs pauvres redingotes sortir de l'usine avec les blouses et les bourgerons des ouvriers. A ce métier, ils gagnent 1 fr. 50 par jour, en plus de leur traitement. Inutile de dire que les bourgeois de la ville prennent ces pauvres diables en mépris, et qu'à leurs yeux, cela *déconsidère* le collège. Quel état d'âme voulez-vous que soit celui de ces professeurs ?

Autre exemple : dans une grande compagnie de chemins de fer, le piqueur ou le sous-chef chargé de la construction (qui aujourdhui est souvent un élève de l'Ecole centrale) gagne 1.800 à à 2.500 francs. Il a souvent la responsabilité de tout un chantier, d'un tronçon de voie ferrée, d'un pont à construire. Il est en rapports permanents avec l'entrepreneur : si celui-ci lui offre un pot-de-vin pour fraude sur la qualité ou la quantité des matériaux, dans quelle situation morale voulez-vous que soit le malheureux employé, qui a souvent des charges de famille ?

La plupart des prolétaires intellectuels sont des hommes, qui, par la nature de leurs fonctions sociales (instituteurs, ingénieurs, professeurs, employés), devraient être au-dessus de la servilité ou de la corruptibilité. C'est exactement le contraire qui se produit. On leur dit : soyez fiers, soyez indépendants, soyez désintéressés. Et on les met dans l'obligation de devenir des révoltés ou des serfs !

Dans les deux cas, on est sûr d'avoir accru l'inertie et la routine. Le prolétaire intellectuel se dégoûte d'une besogne qui en fait un souffre-misère. Il maudit son gagne-pain et il s'en désintéresse. De là cette extraordinaire indifférence des petits employés pour les intérêts qui leur sont confiés, cette inaptitude bureaucratique, cette déperdition énorme d'activité sociale. La cause en est dans l'âme du prolétaire, qui est un révolté ou un résigné, mais dans tous les cas un « j'm'en fichiste ».

2o *Conséquences physiologiques.* — La plupart des fonctions que remplissent les prolétaires intellectuels exigent une vie sédentaire et agglomérée. Les conditions d'hygiène où vivent ces pauvres diables sont presque toujours défectueuses. C'est la vie de bureau ou d'école avec son atmosphère viciée par le charbon ou le gaz, avec l'obligation d'être assis ou immobile toute la journée. Et les travaux qu'on accomplit, si médiocres qu'ils soient n'en fatiguent pas mois le cerveau par leur absorbtion et leur monotonie même. Joignez à cela une habitation et une nourriture souvent insuffisantes ou malsaines, des vêtements et des chaussures peu confortables, l'absence forcée de distractions salubres, et vous aurez expliqué la misère physiologi-

que des familles de petits fonctionnaires. L'organisme est appauvri, les nerfs prédominent sur les
muscles, la force de résistance vitale est diminuée,
le champ est ouvert aux tuberculoses et aux
névroses de toute espèce. Les enfants s'en ressen-
tiront à leur tour.

3° *Conséquences sociales*. — La misère physiolo-
gique crée l'appauvrissement de la race ; la misère
psychologique crée un état-major révolutionnaire
et anarchiste ; la misère tout court crée l'accroissement de la criminalité, de la prostitution et du
parasitisme sous toutes ses formes.

Par le fait du prolétariat intellectuel, la race
s'appauvrit de deux façons. Les corps, étant moins
sains, reproduisent des enfants moins beaux, et
l'hérédité aggrave les tares dans chaque famille.
D'autre part, la vie à deux ou à plusieurs étant
devenue trop coûteuse, les mariages diminuent,
et, plus encore, la natalité. Pour le prolétaire
intellectuel, l'amour est un luxe, la naissance d'un
enfant est une folie ruineuse.

Par le fait du prolétariat intellectuel, les anarchistes et les révolutionnaires prennent conscience
d'eux-mêmes. Le prolétariat ouvrier ne serait
peut-être jamais sorti de son abrutissement, si le
prolétariat intellectuel ne l'avait secoué, aiguil-

lonné, éclairé. Tous ces petits fonctionnaires, avocats sans causes ou médecins sans malades, dont l'instruction universitaire a fait des ambitieux et dont le servage social fait des révoltés, deviennent de merveilleux agitateurs de la misère populaire. Lisez à ce sujet *Bonnet Rouge* de Jules Case et l'*Insurgé* de Jules Vallès, ou, si le roman vous paraît sujet à caution, lisez simplement ces quelques extraits du manifeste lancé en 1896 à travers le quartier latin par le groupe des étudiants collectivistes adhérent au Parti Ouvrier (1).

... Au tournant tragique de l'histoire où nous sommes, au moment où disparaît une société surannée, où s'annonce un monde de paix et d'harmonie, la jeunesse intellectuelle ne saurait, ni ne pourrait rester à l'écart du plus grand mouvement révolutionnaire qui ait bouleversé les sociétés humaines...

Combien d'entre nous, camarades, — à l'exception des élèves de la richesse, fille du vol, et des professionnels de la faveur, fille de l'intrigue, combien d'entre nous, qui, demain, dans la vie — médecins, professeurs, avocats, fonctionnaires, pharmaciens, chimistes, ingénieurs, architectes, peintres, sculpteurs, etc., connaîtront, avec l'incertitude mortelle du lendemain, la servitude qui déshonore, l'esclavage qui avilit !

Les rédacteurs de ce factum emphatique seront demain conseillers municipaux ou députés révo-

(1) Voir : *Les étudiants et le socialisme ;* — *Manifeste du groupe des étudiants collectivistes ;* — et les autres publications de ce groupe.

lutionnaires : prolétaires intellectuels, ils conduiront les prolétaires ouvriers à l'assaut de la société bourgeoise. Quelques-uns d'entre eux, plus pressés ou plus logiques, se feront tout simplement anarchistes. Emile Henry, fils d'un aubergiste, candidat admissible à l'Ecole Polytechnique, est un type de prolétaire intellectuel tourné à l'anarchie.

Ou des révoltés ou des serfs, avons-nous dit. Le prolétariat intellectuel développe d'une façon étonnante chez la plupart des petits fonctionnaires le sens de la platitude sociale. Et nous avons ainsi un fonctionnarisme pléthorique, domestiqué par les politiciens et par les gens d'affaires, incapable d'énergie ou de moralité. De là ces corruptions de tout ordre (décorations académiques, vols de dossiers, fraudes au Palais de Justice, etc., etc.) qui éclatent incessamment dans les bureaux, et où le prolétaire intellectuel joue le rôle de complice, trop souvent même de principal acteur.

Entre les réfractaires et les domestiqués, se trouve la catégorie assez nombreuse des *parasites sociaux*, qui champignonnent sur toute la France, et en particulier dans les grandes villes. A cette catégorie appartiennent tous les faiseurs de métiers interlopes, les reporters à scandale, les médecins rabatteurs de clientèle, les hommes d'affaires véreux, les chirurgiens de clinique louche, les professeurs et « marchands de soupe » au rabais, les bas politicicens de comités électoraux, — toute une vermine grouillante qui infecte et démoralise la France. On a peine à se figurer le malaise que crée dans les organes de la conscience nationale, un tel pullulement de parasites.

Nos colonies elles-mêmes sont déjà pourries par le prolétariat intellectuel. Rien de plus instructif à ce sujet que l'*Annuaire des fonctionnaires coloneaux*. Tel village du Soudan où de Madagascar, où il y a peut-être 2.000 nègres, est exploité par 200 petits fonctionnaires, qui sont d'anciens candidats non placés en France. Dernièrement, je rencontre sur le boulevard un ancien camarade d'université, licencié en droit qui, crevant de faim sur le pavé de Paris, s'était fait *reporter* dans un grand journal en attendant « une place » au budget. Il m'annonça, le sourire aux lèvres, qu'on venait de le bombarder *receveur des douanes* en Indo-Chine ! Ainsi nos colonies, qui devaient être les champs de notre activité commerciale et industrielle, deviennent le deversoir continu de la reproduction universitaire.

4° *Conséquences morales*. — Le prolétariat intel-

lectuel a modifié profondément les mœurs françaises sur deux points essentiels. Il a créé *la
chasse à la dot* et *la domesticité intellectuelle*. Les
jeunes gens pauvres des universités ont contracté
dans leur vie d'étudiants, des désirs et des goûts
que le salaire des professions libérales ne peut
satisfaire. Ces cérébraux affinés ont, à vingt-cinq
ans, des appétits immenses et des ressources nulles.
Devant eux s'ouvre la seule voie légale, le mariage
riche. Une jeune fille qui n'a pas au moins cent
mille francs de dot n'existe pas pour eux, et elle
ne devient intéressante qu'à cinq cent mille. De là
cette physionomie âpre et sèche de la jeunesse
contemporaine qui étonne et inquiète nos devan-
ciers quand nous la peignons dans le Raoul Rozel
de *la Proie*. Le portrait est pourtant scrupuleusement exact.

La chasse à la dot n'est d'ailleurs qu'une des
formes de *l'asservissement des Intellectuels à la Plou-
tacratie*. Ce sera le trait de mœurs dominant de la
troisième république, au regard des historiens de
l'avenir. Ils verront l'homme politique, le journaliste, le professeur, l'avocat, le médecin et même
l'homme de lettres devenus les agents ou les
amuseurs de la haute banque. Ils se rendront
compte que ces intellectuels, nés dans le peuple,

après une jeunesse d'ambition besogneuse, ne trouvant pas dans leurs professions un salaire honorable, ni même un gagne-pain, ont fini par céder aux sollicitations du luxe et de l'argent. Oui, ces historiens comprendront que tel député célèbre ait vendu ses votes, que tel glorieux publiciste ait vendu sa plume, que tel grand avocat ait vendu sa voix, que tel grand médecin ait vendu sa science, tel grand professeur son autorité, et tel grand écrivain son génie, qu'il se soient vendus à la finance ou à la foule, tous, les asservis et les révoltés. Et ils expliqueront comment, au lieu d'une aristocratie intellectuelle, la démocratie française n'a eu trop souvent qu'une domesticité intellectuelle aux gages de la ploutocratie.

IV. — Causes

DU PROLÉTARIAT INTELLECTUEL FRANÇAIS

C'est là une lèpre pour la France. Elle affaiblit les corps, dissout les consciences, appauvrit la race. Elle fait de l'homme libre un sauvage, un esclave ou un parasite. Comment est-elle née, comment s'est-elle étendue ? Recherchons-le. Connaître les causes d'un mal, c'est quelquefois préparer sa guérison.

Le prolétariat intellectuel n'existait guère sous l'ancien régime. Beaucoup de petites fonctions aujourd'hui remplies par des civils l'étaient alors par des prêtres, qui, comme on le sait, ont fait vœu de pauvreté et ne sont jamais des prolétaires. D'autre part, l'existence des corporations limitait le nombre des médecins, des hommes de loi, des professeurs, au strict nécessaire, et fermait les carrières libérales au peuple.

Pourtant, au XVIIIe siècle, nous voyons les hommes de lettres besogneux, les avocats médiocres constituer un embryon qui agira fortement sur la Révolution française. Denis Diderot, fils d'un coutelier, et Jean-Jacques Rousseau, fils d'un horloger, sont déjà les deux retentissants précurseurs du prolétariat intellectuel.

La Révolution française proclame la liberté, et elle crée la concurrence. Elle proclame l'égalité et elle crée les concours. Elle détruit corporations et privilèges et elle ouvre à tous l'accession des charges publiques. Elle nationalise une multitude de services autrefois privés ou corporatifs, et elle ébauche le fonctionnarisme moderne. Elle répand l'instruction dans le peuple, et elle révèle aux jeunes gens pauvres l'horizon des carrières libérales.

Napoléon survient, qui complète l'œuvre de la Révolution. Par le lycée, par la caserne, par les bureaux, il militarise et fonctionnarise la France. Il ouvre toutes larges aux enfants du peuple les hiérarchies, les places, les décorations. Il crée une nation d'employés et de soldats. L'idéal des mères françaises, c'est que leurs fils soient polytechniciens, normaliens, avocats ou médecins.

Deux grandes causes historiques : l'ouverture des professions libérales au peuple, et le développement brusque du fonctionnarisme, dominent l'histoire du prolétariat intellectuel. Tout le reste découle de là.

Les carrières libérales ont été ouvertes au peuple, et aussitôt la concurrence autour des places s'est produite. Vingt candidats se sont présentés pour un poste, dix-neuf ont échoué, et ceux qui n'avaient pas de quoi vivre sont devenus des prolétaires.

Les carrières libérales ont été ouvertes au peuple, et le *mérite* a remplacé la *faveur* ou la *famille*. Comment reconnaître le mérite? Par les examens et les concours. Mais où se préparent, où se passent examens et concours ? Dans les Universités. Les Universités ont donc été encombrées d'un nombre croissant d'étudiants. Il s'est ainsi produit une *surproduction universitaire* qui n'est pas près de finir, semble-t-il, et qui est devenue à son tour une cause seconde du prolétariat intellectuel. Pour s'en convaincre, il suffit de lire la statistique suivante :

Nombre des Etudiants depuis 1814 jusqu'à 1897 (1) :

	Droit	Médecine	Lettres	Sciences	Pharm^{ie}	Total
1814	3000	1200	50	50	50	4350
1844	3969	»	200	100	»	»
1869	5220	4000	150	100	300	9772
1878	»	»	286	384	»	10972
1888	5152	»	2358	1335	»	17630
1896	8876	8485	3457	3050	3076	26944

Ainsi le nombre des étudiants a sextuplé depuis quatre-vingts ans ; il a triplé depuis vingt-cinq ans, et, si la progression continue, dans dix ans, il sera double de ce qu'il est. Peut-on dire que le nombre des places augmente dans la même proportion ? Je propose ce simple problème aux méditations des réformateurs de l'enseignement supérieur en France.

(1) Voir L. Liard. *L'Enseignement supérieur en France,* II. p. 377 : et *Universités et Facultés,* p. 60 et p. 99.

La surproduction universitaire est activée depuis 1891 par une loi désastreuse qui a produit en toutes choses l'effet contraire de celui qu'on en attendait, et qui, à elle seule, devient une cause permanente de prolétariat intellectuel. Je veux parler de la loi sur *les dispenses militaires* conférées aux étudiants diplômés des Universités. Par cette loi, tout licencié ès lettres ou ès sciences, tout docteur en droit ou en médecine, tout interne en pharmacie, tout diplômé de certaines grandes Écoles, est exempté de deux ans de service militaire sur trois. Une foule de jeunes gens qui autrefois seraient entrés dans le commerce ou l'industrie se sont précipités dans les Universités pour échapper au service militaire, et le nombre des étudiants s'est accru dans les proportions que l'on sait. Le niveau des études a baissé plus qu'il n'est monté ; l'extension des diplômes a avili leur valeur. Que deviendront tous ces jeunes licenciés et docteurs au sortir de l'armée ? Des candidats plus nombreux au prolétariat intellectuel. Sans doute, tout n'a pas été mauvais dans la surproduction universitaire. Elle a fourni à nos lycées et à nos collèges le personnel d'agrégés et de licenciés qui leur manquait ; elle a mis dans nos campagnes de véritables médecins et de sérieux pharmaciens. Mais ces avantages compensent-ils pour la nation le péril croissant de plusieurs parasitismes sociaux ?

Il n'y a pss seulement surproduction universitaire ; il y a encore impuissance universitaire. Dans le droit particulièrement, et dans les sciences, l'Université ne prépare pas à la vie. Aux derniers concours de commis-rédacteur à la Préfecture de la Seine (qui peuvent être pris à bon droit comme le type des concours administratifs), il y avait 800 candidats pour 60 places ; parmi ces candidats, une douzaine étaient docteurs en droit, deux seulement furent reçus, les autres n'avaient pu traiter les questions spéciales de droit administratif qui leur étaient posées ! **Autre** exemple : il devient de plus en plus constant que les jeunes ingénieurs sortis, *dans les premiers numéros,* de l'Ecole Centrale, ne trouvent plus à se caser avantageusement dans l'industrie, et sont obligés de se rabattre sur des places de piqueurs ou de sous-chefs de section dans les grandes compagnies de chemins de fer (2.000 à 3.000 francs par an). On leur préfère les élèves sortants de l'Ecole des Arts et Métiers, qui, moins *savants,* sont plus *pratiques,* et suppléent à la théorie, souvent inapplicable, par une technique plus sûre.

Ayons le courage de le dire aux promoteurs des universités nouvelles : vos universités préparent peut-être à la Science, mais elles ne préparent pas à la Vie. Et combien d'étudiants, apprentis astrologues tombés en des puits de misère, vous répéteraient volontiers le vieux proverbe : *Primo vivere, deinde philosophari ?*

Notre enseignement supérieur, trop encombré, pas assez professionnel, est une véritable fabrique de prolétaires. Mais il n'est pas le seul coupable. Il y a une cause économique presque fatale qui a aggravé le danger. Je veux parler *de la disproportion croissante des salaires avec la vie*. La plupart des traitements ou honoraires affectés aux professions libérales ont été fixés vers le milieu du siècle. A cette époque, sans être très élevés, ils permettaient de bien vivre. Mais, depuis 1850, la valeur de l'argent a baissé de 50 0/0 ; le prix des denrées a haussé de 30 à 40 0/0 ; des besoins nouveaux d'hygiène, de bien-être et de confort, se sont multipliés par la science, l'industrie, les grands magasins et les voyages. En sorte qu'un traitement annuel de 4.000 francs en 1850 correspond à un traitement annuel de 10.000 francs en 1897. Or, pendant que tout haussait autour d'eux, les salaires ne haussaient pas ! Les fonctionnaires d'aujourd'hui sont payés comme les fonctionnaires du second Empire ; les avocats et les médecins eux-mêmes ne gagnent pas sensiblement plus. Tandis qu'un industriel ou un commerçant moyen fait des bénéfices de 40 à 50.000 francs par an, ce sont là traitements de ministres, que les généraux, les présidents de Cour d'appel et les directeurs d'administration n'atteindront jamais !

Si en 1850, ou même en 1870, avec 3 ou 4.000 francs on pouvait vivre, aujourd'hui on peut presque en mourir de faim. Aujourd'hui, grâce à la hausse des salaires industriels ou commerciaux, un bon ouvrier, un bon commis-voyageur gagnent *moitié plus* qu'un fonctionnaire moyen qui aura passé six ans dans les universités. La multiplication des diplômes en a amené l'avilissement ; et d'autre part les « nécessités budgétaires » n'ont jamais permis de hausser les traitements. Il en est résulté que les professions libérales *rapportent moins que les professions manuelles*, et elles ont coûté des frais d'établissement dix fois plus élevés ! Si les professions libérales étaient un privilège des classes riches, le mal ne serait pas grand ; mais ouvertes aux pauvres comme elles le sont, il faut qu'elles nourrissent leur homme, ou elles en font un prolétaire parfois plus malheureux que le prolétaire du magasin et de l'usine. Si un professeur d'université gagne moins qu'un commis-voyageur, si un magistrat gagne moins qu'un contre-maître, si un colonel est moins payé qu'un petit filateur, à quoi bon cette duperie démocratique des professions libérales accessibles au Peuple ?

V. — Y A-T-IL DES REMÈDES AU PROLÉTARIAT INTELLECTUEL ?

Il est plus facile de réparer une machine qu'un organisme. Et il est plus facile de soigner un animal qu'une société. La plupart des grandes maladies sociales dépassent la volonté de l'homme, sinon sa pensée. Elles ont des origines mystérieuses, dont les symptômes que nous apercevons à grand peine ne sont que des effets enchevêtrés. Arrivons-nous à supprimer ces symptômes, d'autres apparaissent soudain, non moins redoutables, qui déroutent l'homme de pensée, et découragent l'homme d'action. L'on pense cependant, et il faut agir aussi. Une seule chance de guérison, contre mille raisons d'impuissance, nous y obligerait encore.

Pour supprimer ou diminuer le prolétariat intellectuel en France, peut-on d'abord supprimer

ou diminuer la grande cause historique qui l'a
produit et continue de le produire ? Peut-on rétablir les corporations, fermer l'accès des carrières
libérales au peuple, réserver l'instruction supérieure aux classes riches ? Le remède serait pire
que le mal, et d'ailleurs qui pourrait se vanter de
l'appliquer ? Notre démocratie, égalitaire, fondée
sur la pensée et sur la liberté, ne peut plus limiter
ni le droit à la pensée, ni le droit à la liberté.
Demain, plus encore qu'aujourd'hui, l'instruction
sera dans le peuple, et la concurrence intellectuelle
grandira. L'histoire vérifie la logique.

Tout ce siècle n'a été chez nous qu'un immense
effort et une immense concurrence des Pauvres et
des Humbles vers la possession du bien-être par la
possession du savoir. Un formidable brasier d'ambition et d'orgueil a été allumé dans les consciences
populaires. A ce brasier, Napoléon et Balzac ont
échauffé leur génie et agité les âmes françaises.
Mais pour un Napoléon que de Julien Sorel, et
pour un Rastignac que de Rubempré ! Le prolétariat intellectuel est le résidu fatal de l'universel
flamboiement d'appétits qu'a fait jaillir la Révolution Française. C'est la lave toujours bouillonnante
d'un volcan toujours menaçant. Quelle volonté
humaine se flatterait d'éteindre le volcan ? Les

volcans ne s'éteignent malheureusement que pour mourir, et les plus pessimistes ne souhaitent pas encore cette solution à notre société.

Peut-on espérer, tout au moins, d'enrayer les causes secondes, d'atténuer la surproduction universitaire, de restreindre le fonctionnarisme, de rehausser le salaire des professions libérales? Sur des plaies ainsi localisées, l'entreprise chirurgicale serait plus abordable en apparence. Mais l'issue en serait, je le crains, bien douteuse.

Proposer la diminution des universités dans un moment où tout le monde veut les agrandir, c'est risquer de se faire écharper sans profit. Le problème est d'ailleurs singulièrement complexe, car si nous avons trop d'étudiants, nous n'avons pas assez de savants, et si nous avons trop de salles d'examens, nous n'avons pas assez de laboratoires. Oui, nous pensons avec MM. Liard et Lavisse, que les universités puissantes sont nécessaires dans une démocratie libre; que la République a eu raison d'élever le budget de l'enseignement supérieur de 4 millions de francs à 16 millions, et que la haute culture intellectuelle est la sauvegarde, la créatrice des grandes énergies industrielles, militaires, morales. Mais, nous ne pensons pas que l'abondance des étudiants constitue la force universaire, pas plus que l'excès de la graisse ne constitue la force corporelle. L'encombrement des universités est une cause de dégénérescence scientifique. Il faut fortifier les universités en diminuant le nombre des demi-intellectuels à la chasse d'un diplôme. La science et la nation y gagneront d'autant.

Faut-il pour cela, comme le proposent quelques politiciens, réduire le nombre des bourses? Je ne le crois pas. Ce nombre est insignifiant dans le chiffre total des étudiants, et les boursiers sont précisément le sel des Universités, l'élément sérieux et supérieur qui les justifie. Parmi les boursiers se recrutent les savants et les professionnels, les hommes dont le pays a besoin. Ils représentent l'élite qui sort nécessairement des classes pauvres, et à qui la République doit, sous peine de banqueroute frauduleuse, ouvrir largement des professions libérales. Non, ce qu'il faut diminuer et rejeter impitoyablement, c'est cette masse de médiocres et d'incapables qui, n'ayant pu obtenir de bourses, s'acharnent à la conquête d'un diplôme libérateur du service militaire et sésame des émargements au budget ! Ce qu'il faut, c'est rapporter au plus vite cette *loi des dispenses,* aussi injuste qu'inutile, et qui a rabaissé l'enseignement supérieur sans relever la bourgeoisie. Ce qu'il faut enfin, c'est décourager par avance les candidats de tout ordre, c'est leur montrer les professions intellectuelles encombrées de toutes parts, c'est soumettre les bacheliers à l'épreuve du feu, c'est obtenir que, dans l'enseignement *supérieur* il n'y ait que des individus *supérieurs*.

L'entreprise est malaisée sans doute, mais elle n'est pas irréalisable. Le gros danger des Universités françaises à l'heure actuelle, c'est d'être de plus en plus des fabriques de diplômés impuissants et mécontents. Qu'elles fassent moins d'agrégés, moins de docteurs, moins de licenciés, et qu'elles les fassent mieux adaptés à la science et à la vie. Au lieu de produire des ingénieurs inférieurs à des contremaîtres, des docteurs en droit inférieurs à des expéditionnaires, et des agrégés des lettres inférieurs à des maîtres d'étude, que les Universités créent de vrais savants et de vrais professionnels, qu'elles ne soient plus les usines du prolétariat intellectuel.

Il paraît plus difficile de supprimer l'amour excessif que les Français ont pour le fonctionnarisme. Alors que nous manquons d'industriels, d'agriculteurs et de colons, les postes administratifs sont disputés avec fureur. Nous pourrissons sur place dans le mandarinat de la misère. Chaque année, le nombre des fonctionnaires augmente, et celui des aspirants fonctionnaires se multiplie. Rien n'y fait, ni le servage des bureaux, ni la médiocrité des salaires, ni la pléthore des candidatures. C'est, autour de la moindre place, un entassement comparable à celui de cent affolés autour d'un impasse dans l'incendie d'un édifice public. Malgré les déceptions, les cris d'alarme et les suicides, les professions libérales augmentent, tandis que les autres diminuent dans la proportion suivante :

	1856	1886	1891
Agricoles	52,9 0/0	47,8 0/0	47,3 0/0
Industrielles	29,1 0/0	25,2 0/0	25,9 0/0
Diminution : 10,73 0/0			
Libérales	9,1 0/0	11,1 0/0	12,7 0/0
Accroissement : 39,55 0/0.			

Comment détruire dans l'âme des mères et l'imagination des fils le prestige absurde du fonctionnarisme ? Une réforme des mœurs sera seule efficace. Il faut tuer, à coups répétés de logique et d'ironie, le préjugé des professions libérales dans l'esprit français. Une campagne d'opinion par le livre, le théâtre et le journal, sera tout d'abord nécessaire. De cette campagne, les ouvrages de MM. Max Leclerc, Paul Bourget et Demolins sur les Anglo-Saxons, comme aussi *les Déracinés* de Maurice Barrès, sont d'excellents exemples.

Il faut d'autant plus déconseiller les carrières libérales aux jeunes gens qu'il est peu probable que les salaires soient jamais rehaussés comme ils devraient l'être. Sans doute il y a injustice à ne pas porter de 2.000 à 6.000 et de 4.000 à 12.000 des traitements qui, depuis 1840, n'ont pas changé, alors que tout changeait autour d'eux. Mais chaque année le budget de l'Etat est en déficit : peut-on raisonnablement espérer du Ministre des Finances qu'il augmente les traitements des petits fonctionnaires, alors que tout son effort tend visiblement à les rogner ?

Il y a donc bien peu d'apparence qu'on puisse modifier les causes principales du prolétariat intellectuel en France. Ces causes-là (ouverture des professions libérales au peuple, amour excessif du fonctionnarisme, surproduction universitaire, insuffisance des salaires), dépassent la volonté d'un individu et celle d'une génération. Elles ont leur racine dans la race et leur fatalité dans l'histoire. Les constater, ce n'est pas s'en guérir, et je ne sais rien de plus mélancolique pour l'observateur social qu'un diagnostic où le patriote ne trouve point son compte.

VI

La misère d'autrui ne guérit point la nôtre, mais elle la rend moins accablante et plus humaine. Il n'y a pas qu'en France où la lèpre du prolétariat ronge le visage déchu des classes libérales. La puissante Allemagne est, plus que nous, atteinte de ce mal. En Allemagne aussi, le nombre des étudiants s'accroît chaque année sans que ni les places ni les salaires n'augmentent (1); en Allemagne aussi, le fonctionnarisme des pauvres pullule ; en Allemagne encore il y a des médecins qui gagnent 7 marcs par mois et des pasteurs-précepteurs qui gagnent 0 fr. 40 par heure. Et n'est-ce pas en Allemagne que le tout-puissant empereur Guillaume II prononçait naguères ces paroles : « Les écoles ont accompli le surhumain et ont à mon point de vue, produit une trop forte surproduction de gens instruits ; plus que la nation n'en peut supporter et plus que les indi-

(1) Voir la statistique comparative de l'accroissement des étudiants, dans les deux pays, depuis 1850.

vidus eux-mêmes ne peuvent supporter. C'est pourquoi je n'autoriserai plus l'ouverture de gymnases dont on ne pourra pas me prouver entièrement la raison d'être et la nécessité. Nous en avons déjà assez. »

L'Allemagne est si bien une matrice incessante de prolétaires intellectuels qu'elle est obligée de les expatrier pour n'en pas mourir. Et ce qu'on appelle le *mal allemand* en Angleterre, cette invasion des banques, des usines, des places d'avocats ou de médecins, par des ingénieurs et des docteurs allemands, ce n'est pas autre chose qu'un des premiers contre-coups internationaux de ce prolétariat intellectuel allemand qui n'a pas encore étalé tous ses effets. Si nos universitaires français, au lieu d'une admiration béate pour le régime et l'accroissement des Universités allemandes, avaient su voir le mal dont elles étaient ravagées, ils nous en auraient peut-être épargné l'intoxication volontaire.

Vous le retrouverez en Autriche, en Italie, en Belgique, en Norwège, et jusque dans les profondeurs de la Russie. Le prolétariat intellectuel semble une infection continentale depuis un siècle.

Jusqu'à ces derniers temps il avait à peine contaminé l'Angleterre. Il est remarquable que les nations militarisées (Allemagne, Italie, France, Russie) sont des foyers de prolétariat intellectuel tandis que les nations industrielles (Angleterre, États-Unis) lui sont plutôt réfractaires. La nécessité de passer plusieurs années décisives dans les casernes empêche les citoyens d'une nation militaire d'entrer jeunes dans le commerce, l'industrie ou la colonisation.

Elle les rejette vers les universités où ils tâchent de conquérir des dispenses illusoires ; et, quand ils sortent de l'armée, elle les entasse, comme des mendiants ou des sportulaires, aux portes du budget. Le militarisme passif est d'ailleurs une école modèle de fonctionnariat, et il ne faut pas s'étonner que tant d'anciens sous-officiers soient d'excellents bureaucrates.

A tant de plaies dont elle ronge les nations, la paix armée doit encore ajouter celle-là. Le militarisme, tel que l'histoire, la science et les empereurs l'ont fait, le militarisme, est en train d'écraser l'Europe continentale, comme une armure du moyen âge, rouillée, infectée de vermine, écraserait, souillerait le corps délicat d'une femme moderne.

Quand donc les nations du continent comprendront-elles que leur propre défense les assassine, et qu'elles meurent d'être trop bien gardées ?

CHAPITRE II

La Crise du Fonctionnarisme en France

I. — Administration et Fonctionnarisme

Le Prolétariat intellectuel et le Fonctionnarisme sont deux frères jumeaux. Ils sont nés des mêmes causes, ils s'acclimatent dans les mêmes atmosphères, ils prospèrent dans les mêmes décadences. Les nations qui ont une pléthore de fonctionnaires surabondent en prolétaires intellectuels.

La France est une de ces nations. Chez elle, plus qu'en aucune autre, le fonctionnarisme a étendu sa lèpre.

A travers les changements sociaux et les crises politiques, une seule force est restée intangible en France : l'Administration.

L'Administration a survécu aux rois qui l'avaient créée à leur profit. Elle a survécu à la Convention qui l'avait centralisée pour ses desseins. Elle a survécu à l'Empereur qui l'avait militarisée suivant son rêve. Chaque siècle l'a faite plus durable ; chaque révolution l'a faite plus stable. Elle s'est nourrie de tous nos désastres ; elle s'est accrue sur toutes nos ruines. Dans un peuple où tout pouvoir fut éphémère, les Bureaux ont été l'armature qui défie les temps et les hommes.

Il y a là une loi historique dont on ne peut méconnaître la grandeur. Chaque nation, dans le cadre des siècles, se développe suivant un plan de vie qui lui est propre. La France, héritière de Rome par le Code, par l'Eglise, plus encore par les mœurs, s'est développée suivant un plan de centralisation militaire et administrative.

Les rois de France ont été les exécuteurs inconscients de cet instinct national. C'est ce qui fit longtemps leur popularité. Quand ils la perdirent, la nation elle-même se concentra, s'organisa, se hiérarchisa suivant la loi de son hérédité millénaire.

Vouloir combattre et détruire cette loi serait pure folie. Les peuples, comme les individus, doivent être pris pour ce qu'ils sont. Pas plus qu'un médecin ne pourrait changer un nègre en un blanc sans le tuer, pas plus un politique ne pourrait changer la France en Angleterre sans la détruire. Méfions-nous des sociologues aventureux qui nous voudraient imposer l'anglo-saxonisme comme nouvelle loi de développement. Nous serions morts avant d'avoir appris à revivre !

L'Administration est chez nous une force historique nationale, qui a rendu à la France, qui lui rend toujours, qui lui rendra longtemps encore d'immenses services. Grâce à elle, grâce aux légistes, aux gouverneurs de province, aux intendants, aux envoyés royaux, aux délégués de la Convention, la France s'est unifiée à travers les siècles. Elle a pu connaître avant toutes les autres nations de l'Europe ces périodes de grandeur qui vont de Henri IV à la Seconde République, et qui en ont fait incontestablement l'initiatrice, l'institutrice de l'Europe.

La France aurait-elle pu jouer dans le monde un semblable rôle, depuis Richelieu jusqu'à Lamartine, si son génie n'avait été servi par la plus rapide et la plus puissante administration ?

Ne soyons pas injustes par ignorance. Ne méconnaissons pas l'admirable travail de ces officiers royaux, de ces délégués républicains, de ces préfets impériaux qui, à des époques diverses, soutinrent l'unité française, lui permirent de se manifester dans toute sa force. Sans la centralisation administrative, que fussent devenues les nobles idées qui ont immortalisé le génie de la France ? Incomprises, intransmises, enfermées dans le cercle étroit d'une province ou d'un patois, elles auraient été la chimère de quelque rêveur illuminé, elles ne seraient pas devenues, grâce à la littérature classique et aux assemblées républicaines, la Loi d'un grand peuple, l'Idéal universel des nations modernes.

Laissons donc aux déclamateurs les critiques étroites contre l'administration française. Reconnaissons qu'elle est le support légitime de notre unité historique. Loin de lui imputer notre décadence, ayons le courage de voir que nos générations en sont responsables. Si trop souvent l'administration chez nous fonctionne à vide, c'est que notre inertie industrielle et commerciale ne laisse plus rien à administrer.

Est-ce à dire qu'il n'y ait rien à réformer dans l'administration de la France, et qu'elle soit toujours « cette administration que l'Europe nous envie », pour parler le langage de M. Joseph Prudhomme ?

Nous ne le croyons pas.

Comme toutes les grandes choses vieillissantes, l'administration française est en proie à une dégénérescence organique, qui a reçu le nom de *fonctionnarisme*.

Le fonctionnaire est à l'administration ce que le cancer est aux tissus, ce que la graisse est au corps, ce que le gui est aux chênes : c'est l'accroissement malsain d'un organe dans un corps dont l'équilibre vital est menacé.

Le fonctionnarisme peut être défini : la maladie parasitaire de l'Administration.

Tant que l'Administration est le registre de la puissance d'un peuple, elle est un régulateur admirable. Mais, quand elle n'est plus que l'enveloppe hypertrophiée d'une énergie défaillante, elle devient une menace oppressive de routine et de mort.

Autant est noble le spectacle d'une administration qui distribue harmonieusement la jeune vitalité d'un grand peuple, autant est monstrueuse la vue d'un fonctionnarisme qui suce et appauvrit les ressources déclinantes d'une nation.

Séparons donc nettement l'Administration et le Fonctionnarisme, comme nous séparons le « Militarisme » et l'Armée, le « Parlementarisme » et la Représentation nationale, l' « universitarisme » et l'Université. Ne confondons pas la maladie avec la santé, ni l'abus avec l'usage. N'imitons pas ces médecins qui ne peuvent guérir un organe qu'en le supprimant.

Voilà pourtant ce que font, ou ce que voudraient faire la plupart des écrivains sociaux qui, chez nous, ont attaqué le fonctionnarisme. Au lieu de circonscrire le mal pour le diagnostiquer plus sûrement, ils l'ont étendu à des parties absolument saines, et ils en sont arrivés aux conclusions du pessimisme le plus fantastique et le plus révolutionnaire sur l'avenir de la France.

Les Paul Bourget, les Edmond Demolins, les Jules Lemaître, les Maurice Barrès, — esprits pourtant sagaces et supérieurs, — me paraissent être souvent tombés dans cette erreur. Disciples en cela trop crédules de Taine, ils ont attribué à la centralisation historique de la France une multitude de maux dont elle n'est pas responsable. Ils ont rêvé de lui substituer je ne sais quel fédéralisme à la fois exotique et rétrograde dont l'infaillible résultat serait de démembrer la personnalité de la France. Ils ont attaqué en bloc le système des fonctions publiques, sans réfléchir que les abus de ce système ne condamnent pas son utilité ni sa grandeur. Ils ont donné beau jeu à ceux qui, chiffres en main, les accusent d'être des déclamateurs réactionnaires. Ils ont eu le grave tort de ne pas serrer de près une question dans laquelle la moindre équivoque peut amener de grosses erreurs politiques et sociales.

Nous voudrions aujourd'hui ne pas tomber dans les mêmes défauts. Nous voudrions, dans l'accroissement continu des fonctions publiques en France, faire la part de ce qui est légitime et de ce qui est malsain. Nous voudrions défendre l'Administration et attaquer le Fonctionnarisme.

La tâche est épineuse et délicate. Peut-être nous-mêmes commettrons-nous parfois des erreurs. Ceux qui les corrigeront nous rendront cette justice que nous aurons essayé de poser nettement la double donnée essentielle du problème.

II. — Statistique des Fonctions publiques en France de 1846 à 1896

Est-il possible de sortir des déclamations vagues et de dresser un tableau complet des fonctions publiques en France ?

La plupart des écrivains qui tonnent contre le

« fonctionnarisme » en France, se contentent de rapporter les chiffres généraux, plus ou moins exacts, qu'ils empruntent aux rapports parlementaires. Ainsi, les uns disent qu'il y a 500.000 fonctionnaires en France, tandis que d'autres élèvent ce chiffre jusqu'à 700.000, ou le font tomber jusqu'à 400.000. Ces totaux, non contrôlés, ne sont pas non plus analysés, ni comparés avec les totaux d'époques antérieures. En sorte que nos littérateurs foncent sur un monstre qu'ils ignorent, et qui se défend d'autant mieux qu'il se sait plus ignoré. Et le bon bourgeois, après avoir lu telle brillante chronique sur le Fonctionnarisme, hoche la tête avec satisfaction, mais il n'en sait pas plus après qu'avant, et il retournera demain recommander son fils à son député pour une place dans un ministère, ou payer ses contributions à un budget administratif qu'il est capable de maudire, mais non de discuter !

La plupart des députés ou sénateurs eux-mêmes sont aussi ignorants sur ce sujet que les sociologues de la chronique et le gros public. Aussi, le jour du vote du budget, chaque Administration est-elle bien tranquille. Par la bouche d'un ministre à qui chaque directeur souffle ses mots, elle démontre que *tous ses fonctionnaires sont indis-*

pensables au pays, et, comme personne n'est armé pour lui répondre, c'est finalement elle qui l'emporte.

Rien n'est donc plus urgent que de vulgariser un tableau exact et clair de l'accroissement des fonctions publiques en France depuis un demi-siècle. C'est ce que nous allons essayer de faire dans les pages suivantes.

Ce tableau existe. Il a été dressé pour la première fois par un économiste distingué, M. Maurice Block, dans sa *Statistique de la France*, parue en 1874. Il a été repris et complété depuis, de la façon la plus remarquable, par un élève de M. Block, M. Victor Turquan, dans une série d'articles publiés par la *Réforme Sociale*, de novembre et décembre 1898.

Les chiffres publiés par ces deux sociologues sont la matière d'un immense travail, conduit avec les méthodes les plus sûres et les plus délicates de la statistique contemporaine.

Malheureusement, de telles études, par leur complexité, sont inabordables au grand public, et même à l'élite lettrée, qui ne les lit pas. Elles restent enfouies dans de gros livres ou de grises revues, où elles sont *comme si elles n'étaient pas*, jusqu'au moment où un publiciste plus heureux les met au point, les popularise, les étale au grand jour de la vie nationale...

M. Maurice Block a pris, comme point de départ, le milieu du siècle, et M. Victor Turquan, comme point d'arrivée, l'année 1896. Dans cet espace de cinquante ans, trois points intermédiaires : 1858 (expansion du Second Empire), 1873 (relèvement après la guerre), 1886 (expansion de la Troisième République) ont été choisis.

Voici, à ces différentes époques, quel était le chiffre total des fonctionnaires publics salariés, et le montant total de leurs traitements :

En 1846 il y avait 188.000 fonct. publics absorbant 245 mil.
    1858 — 217.000 — 260 mil.
    1873 — 285.000 — 340 mil.
    1886 — 350.000 — 484 mil.
    1896 — 416.000 — 627 mil.

Pendant que la population de la France augmentait de 10 p. 100, le nombre de ses employés augmentait de 110 p. 100 et le montant de leurs traitements de 150 p. 100... Les fonctionnaires absorbaient en 1846 le dixième du budget ; ils en absorbent le sixième en 1896. Et pourtant leur traitement moyen n'est que de 1.490 francs par an, à peine égal à celui d'un ouvrier laborieux...

Ces constatations, effrayantes au premier abord,

paraissent justifier les diatribes contre le fonctionnarisme. Si, cependant, on examine de près les raisons pour lesquelles un accroissement si énorme de fonctionnaires s'est produit, l'on verra qu'elles sont pour la plupart légitimes et qu'elles ne constituent nullement une monstruosité sociale.

Ici, plus que jamais, il nous faudra distinguer l'Administration et le Fonctionnarisme, et ne pas attribuer aux abus de l'un les besoins de l'autre.

Entre 1846 et 1896, 228.000 nouveaux fonctionnaires ont été créés. Le chiffre est énorme, mais sur quelles branches de l'administration française porte-t-il ? Voilà ce qu'il est intéressant de savoir : alors seulement nous saurons s'il y a eu gaspillage ou s'il y a eu nécessité.

1° Constatons d'abord que le plus gros chiffre d'accroissement se trouve au Ministère de l'Instruction publique. Le nombre total des fonctionnaires s'est accru ainsi :

```
Année 1846.  .  .  .  .      41.370 fonctionnaires
  —   1858.  .  .  .  .      47.509       —
  —   1873.  .  .  .  .     119.518       —
  —   1896.  .  .  .  .     120.988       —
```

L'accroissement a été proportionnel dans les trois branches d'enseignement (supérieur, secondaire, primaire), mais il va sans dire que ce sont les instituteurs qui ont fourni la plus forte quotité. Leur nombre s'est accru de 40.000 à 110.000 sous la Troisième République.

. Y a-t-il là un fait d'*Administration* ou un fait de *Fonctionnarisme?* Tous ceux qui considèrent l'instruction et l'éducation primaires de la démocratie comme un devoir de l'Etat républicain ne trouveront rien à redire à la création de 80.000 nouveaux instituteurs. Ils se contenteront de faire remarquer que, cette création une fois faite, le nombre des fonctionnaires de l'Instruction publique n'a pas sensiblement augmenté depuis 1880.

2º Le second gros chiffre d'accroissement se trouve au Ministère des Postes et Télégraphes.

Voici comment s'est accru le nombre total des fonctionnaires :

Année 1846	. . . . . .	18.617	fonctionnaires
— 1858	. . . . .	27.486	—
— 1873	. . . . .	33.824	—
— 1896	. . . . .	67.949	—

Près de cinquante mille nouveaux fonctionnaires ont donc été créés dans cette branche de l'administration. Mais, là encore, il n'y a rien eu que de très normal. Les services des télégraphes et des téléphones rendus publics, le service des postes singulièrement étendu et compliqué par les besoins économiques de la nation, ont exigé un accroissement de fonctionnaires. Qu'il n'y ait pas eu quelques abus de détail, nous ne le prétendons point. Nous démontrerons même plus loin le contraire, mais, dans l'ensemble, l'accroissement des fonctionnaires au ministère des Postes et Télégraphes était indispensable. Il est un fait d'*administration* et non de *fonctionnarisme*.

3° D'autres chiffres assez importants d'accroissement portent sur les fonctionnaires des ministères de la Guerre, de la Marine, des Affaires Etrangères, des Travaux publics et des Colonies (40.000 environ).

Mais peut-on reprocher au ministère des Affaires Etrangères d'avoir élevé le nombre de ses consuls et agents politiques de 267 à 712 ? Les plus acharnés détracteurs du fonctionnarisme n'ont-ils pas sans cesse réclamé l'extension et la protection de nos intérêts à l'étranger ? — Peut-on reprocher aux ministères de la Guerre et de la Marine un accroissement fatal du nombre de nos officiers et de nos ouvriers militaires ? Les intérêts de la défense nationale ne l'exigeaient-ils pas ? — Peut-on reprocher au ministère des Travaux publics d'avoir étendu le nombre des fonctionnaires des Ponts-et-Chaussées de 2.700 à 9.855 ? N'y a-t-il pas là un

étiage croissant avec les voies de communication ?
— Peut-on enfin reprocher au ministère des Colonies d'avoir 2.382 fonctionnaires en 1896 au lieu de 800 en 1873, si, depuis, la Tunisie, le Soudan, l'Indo-Chine et Madagascar sont devenus des terres françaises ?

Il semble bien que dans tous ces accroissements l'administration française n'ait fait que se subordonner aux accroissements mêmes de l'intérêt national.

On peut donc affirmer que sur les 230.000 nouveaux fonctionnaires créés depuis un demi-siècle, 180.000 ont une réelle utilité publique. La diffusion de l'instruction primaire dans toutes les communes de France, l'extension des services postaux, télégraphiques et téléphoniques à tous les particuliers, l'accroissement de nos forces militaires et de notre territoire colonial, tous ces grands actes, qui sont à l'honneur de la France, ne pouvaient être accomplis sans un personnel nouveau. A moins de mettre en cause le plan même de centralisation historique suivant lequel notre nation s'est développée depuis le Moyen-Age jusqu'à nos jours, il faut bien déclarer que notre administration et nos gouvernants ont eu pleine raison d'agir comme ils ont agi.

Ce qu'il faut se demander maintenant, c'est si, à côté de cette augmentation légitime de certains emplois publics, il n'y a pas eu un maintien et une hypertrophie également coupables de certains autres ; 180.000 retranchés de 230.000, il reste 50.000. Que représentent ces nouveaux fonctionnaires ? Ne sont-ils pas des parasites dans le budget ? N'ont-ils été créés que par dégénérescence administrative ou influences politiciennes ? En un mot, ces cinquante mille nouveaux venus, joints à quelques milliers d'anciens, et même de très antiques fonctionnaires de tous les régimes, ne mériteraient-ils pas d'être supprimés et anéantis une bonne fois ?

C'est ce qu'il convient d'examiner maintenant.

III. — Les Faits de Fonctionnarisme

Toutes les fois qu'un individu est subventionné par l'Etat pour exercer des fonctions fictives ou inutiles, il y a *fonctionnarisme,* et non administration.

Toutes les fois qu'un individu occupe, par le fait de protections arbitraires, une place que ni son passé ni ses mérites ne lui auraient valu, il y a *fonctionnarisme,* et non administration.

Un fonctionnaire qui occupe une place inutile n'est pas seulement un parasite, c'est un être malfaisant. Comme le termite, il fera s'écrouler, s'il le peut, la bâtisse qui le nourrit.

Examinons les différentes parties de l'Administration française, et voyons sur lesquels le Fonctionnarisme a plus particulièrement étendu ses ravages. Nous en trouverons quatre :

1° *Entourage des Ministres ;*
2° *Administrations Centrales ;*
3° *Administration Départementale ;*
4° *Administration Coloniale.*

Il y aurait encore évidemment bien d'autres abus à signaler. Mais les quatre ordres de faits que j'ai choisis sont les plus significatifs et les plus immédiatement guérissables, comme aussi les plus urgents à guérir. Je vais les reprendre en détail.

1° L'Entourage des Ministres. — Toutes les fois — et elles sont nombreuses ! — qu'un ministère est renversé pour faire place à un autre ministère, les deux phénomènes suivants se produisent :

1° Chaque nouveau ministre (40 à 60.000 francs par an) arrive au pouvoir avec un chef de cabinet, un ou deux chefs-adjoints, un chef de secrétariat, un secrétaire particulier et sept ou huit attachés spéciaux. Ces Messieurs (d'ordinaire de petits bourgeois protégés par la femme, la cousine ou la belle-sœur du ministre) sont rétribués au taux de 10.000 à 3.000 francs par an, et ils commandent en maîtres dans chaque ministère...

2° Chaque ministre tombé, avant de descendre du pouvoir, a soin, par un décret antidaté, de caser ses chefs, ses chefs-adjoints, secrétaires, attachés, etc., etc., *dans des postes de faveur à l'Administration centrale*, postes auxquels ni l'ancienneté, ni les titres, ni le mérite ne leur donnaient de droits !!!

Ainsi chaque fois qu'un nouveau ministère obtient la confiance du Président de la République et des Chambres, c'est un bataillon de 40 à 50 petits favoris, bons à tout faire, des ministres précédents, qui deviennent fonctionnaires privilégiés de la Troisième République, — tandis que 40 à 60 autres prennent la place encore chaude des précédents, pour, quelques mois plus tard, entrer à leur tour, dans les Administrations publiques par la porte de faveur...

Le « cabinet » du Ministre au pouvoir est ainsi devenu l'antichambre officiel d'un favoritisme administratif inouï.

On peut calculer que, depuis trente ans, dans les quarante-cinq ou cinquante ministères de la Troisième République, plus de cinq cents fonctionnaires sout ainsi entrés dans la haute administration (Conseil d'Etat, finances, bureaux centraux, inspections, etc.), au détriment des fonctionnaires de carrière.

Le scandale a été signalé plusieurs fois avec éloquence.

Dès 1882, M. Ribot, député du Pas-de-Calais et rapporteur du budget, déclarait ceci : « Nous avons été frappés, en examinant les budgets des divers ministères, de la mobilité qui existe dans les cadres des administrations centrales ; *il dépend de chaque nouveau ministre de changer par un décret l'organisation de ses services, de créer et de supprimer, dédoubler des directions, d'augmenter le nombre des employés, de modifier le chiffre des traitements, etc.* » Ai-je besoin d'ajouter que M. Ribot, président du Conseil des ministres en 1894, a pratiqué et laissé pratiquer les mêmes abus qu'il dénonçait en 1882 ? Ceci est l'A, B, C du parlementarisme, et il faudrait être un naïf pour s'en indigner.

Plus récemment, M. Ernest Lavisse, dans une étude sur le baccalauréat (*Revue de Paris,* 15 décembre 1898), écrivait ceci : « J'ai été, il y a bien longtemps, secrétaire d'un ministre qui fit une grande et vigoureuse besogne. C'était M. Duruy. A son cabinet, nous étions six. D'après le dernier annuaire, il y avait au cabinet du ministre six *dignitaires*, savoir : un chef du cabinet, deux chefs de cabinet adjoints, un chef de bureau, un chef de bureau adjoint, un chef du secrétariat particulier... Quand un sous-secrétaire d'Etat s'ajoute au ministre, c'est un nouveau cabinet à constituer, un chef de cabinet, un secrétaire particulier, et le reste... »

Que deviennent ces attachés de cabinet? Sous-préfets, percepteurs, inspecteurs, auditeurs au Conseil d'Etat ou à la Cour des Comptes, commissaires du gouvernement, etc., etc.

M. Georges Michel fait observer, avec raison, que le système des « pensions » de l'ancien régime, si critiqué par nos démocrates modernes, était préférable à celui des « compensations » du régime démocratique. Le « pensionnaire » d'avant 1789 n'encombrait pas, n'usurpait pas les fonctions administratives ; tandis que les titulaires d'aujourd'hui (qui toucheront d'ailleurs leur « pension » de retraite trente ans plus tard) emplissent les bureaux et les administrations d'une clientèle politique qui les désorganise...

Est-il besoin d'insister sur les conséquences d'un pareil système ? Ne sautent-elles pas aux yeux ?

1° Les changements incessants de ministères, déjà déplorables par eux-mêmes, ont pour résultat d'amener des nominations arbitraires dans les fonctions publiques, et de substituer le régime du *bon plaisir* au régime de *la loi égale pour tous*. Le fait d'avoir été attaché au cabinet de M. X... ne constitue pas un droit à occuper pour le reste de sa vie une perception de 15.000 francs par an, ou une inspection de beaux-arts à 8.000 francs, etc., etc.

2° Le régime des nominations arbitraires au profit des créatures ministérielles a pour résultat d'encourager le servilisme politique et de décourager le loyalisme administratif. Il ne peut aboutir qu'à favoriser l'esprit d'intrigue et avilir la dignité professionnelle. Il transforme peu à peu la haute administration en une *clientèle politicienne*, pour ne pas dire une *valetaille parlementaire*. De récents scandales, et, en particulier, l'invalidation de l'ancien ministre Turrel et du député Bartissol, dans l'Aude, ont mis au jour les dangers de pareilles mœurs.

3° Le régime des nominations *in-extremis* pour

l'entourage du ministre tombé ne peut que contribuer à la création ou à l'entretien de places inutiles. Où caser toutes les créatures de M. X... et Y...? On ne peut pourtant pas destituer de vieux fonctionnaires pour nommer à leur place de jeunes blancs-becs. Vite on crée un poste spécial, une sinécure dans les bureaux centraux (1).

Résumons-nous d'un mot : MM. les attachés au cabinet des ministres sont au Nouveau Régime ce que les pages et les écuyers étaient à l'Ancien. Ils font les commissions des dames et les courses de leurs seigneurs : cela vaut bien un bénéfice!

2° LES ADMINISTRATIONS CENTRALES. — Lorsqu'on étudie en détail le mécanisme des différents ministères, on est immédiatement frappé du fait suivant : les bureaux centraux à Paris absorbent un budget et un personnel absolument disproportionnés avec les services rendus.

Dès 1871, une commission de 33 membres, nommée par l'Assemblée Nationale, et qui eut pour rapporteurs MM. E. Arago, de Marcère,

_____

(1) La chose s'est vue pourtant. Voir le discours si remarquable de M. Viviani à la Chambre des Députés (décembre 1898).

Charton, Jozon, de la Monneraye et Giraud, constata :

1° Que le nombre des employés des administrations centrales était absolument exorbitant et que la somme de travail fournie par chacun était à peu près nulle.

2° Que l'installation des ministères était beaucoup trop dispendieuse.

La Commission proposait de *réduire de moitié le nombre et l'effectif des bureaux et d'aliéner au profit de l'Etat la plupart des hôtels ministériels.*

Veut-on savoir quel fut le résultat de cette enquête ?

En 1871, les Administrations centrales absorbaient 14 millions et 3.900 employés.

En 1881, elles absorbaient 18 millions et 5.000 employés.

Et en 1896, elles absorbaient 20 millions et 6.000 employés.

Telle est l'utilité des rapports parlementaires !

Quant aux hôtels et immeubles ministériels, loin d'être vendus, ils ont été presque tous doublés; et M. Victor Turquan fait cette remarque spirituelle : « A mesure que les services s'étendent dans des immeubles de plus en plus nombreux, les employés se trouvent de plus en plus entassés dans les pièces qu'ils occupent... » (*Réforme sociale.* p. 499.)

Qui de nous n'a dans sa famille ou dans ses relations un de ces fonctionnaires de l'Administration Centrale, objet d'admiration et d'envie pour toutes les mères qui ont un bachelier à placer ou une fille à marier? Il se lève à 8 heures, il est à son bureau vers 9 heures 1/2; il en sort à 11 heures 1/2; il y retourne vers 2 heures et rentre chez lui vers 4 heures. La journée administrative est finie. Qu'a-t-il fait pendant ce temps? Il a lu ses journaux, écrit ses lettres, reçu ses amis, fait de la littérature ou papoté avec ses collègues, baillé, fumé, rêvé, que sais-je? Parfois même il a gratté quelque papier, ennuyé quelque contribuable. Il est heureux; il est envié; il a 2.900 francs d'appointements, il aura 4.000 francs de retraite à 60 ans, et sera décoré! (1)

Ce personnage appartient au fonctionnarisme, et non à l'Administration. Il est d'ordinaire la créature d'un ministre ou d'un député; souvent il a appartenu à leur clientèle comme attaché de ca-

·(1) Lire, à ce sujet, le spirituel roman de M. Georges Lecomte : *les Cartons verts.*

binet. C'est bien un parasite du nouveau régime. Il le sait, en rit tout le premier, et cela ne l'empêche pas d'être le meilleur garçon de la terre...

L'exemple le plus fameux de ces états-majors bureaucratiques et parasitaires a été donné en 1881 par la création de deux nouveaux ministères; celui du Commerce et celui de l'Agriculture. Chacun de ces ministères (autrefois simples directions au ministère des Travaux publics) s'est installé dans d'énormes immeubles et a triplé son personnel en 15 ans... Or, comme on sait, le commerce et l'agriculture de la France n'ont pas précisément triplé pendant ce temps! (1)

Insistons un peu sur le ministère du commerce. Cette création, faite sous le couvert du bien public, a, en réalité, servi à caser un certain nombre de créatures politiques que l'on ne savait plus où placer. C'est un acte de *fonctionnarisme* au premier chef, comme l'a démontré l'étude attentive des faits.

Il suffit de comparer l'état-major bureaucratique du ministère du Commerce avec celui des Postes et Télégraphes, qui est son voisin, pour se rendre compte des abus commis.

----

(1) Les exportations de la France ont diminué de plus de 80 millions en 1898.

a. Le ministère du Commerce a comme matière d'administration :

> 1° Quelques écoles (Arts-et-Métiers, Cluny, Cluses, le Conservatoire des Arts-et-Métiers);
> 2° Les Poids et Mesures ;
> 3° L'office du Travail ;
> 4° Les relations avec les Chambres de Commerce.

Soit un millier de fonctionnaires et, comme budget de dépenses, un à deux millions de dépenses *réelles*. Pas de budget de recettes.

Voici maintenant quelle est l'administration centrale de ce ministère :

```
 1 Ministre..............   60.000
 4 Directeurs........... de 18.000 à 15.000 «
14 Chefs de bureau ..... de  9.000 à  7.000 «
15 Sous-chefs de bureau de  6.000 à  4.500 «
 1 Actuaire ......... .... de  7.000 à  4.000 «
35 Rédacteurs.......... de  6.000 à  4.000 «
41 Expéditionnaires .... de  4.000 à  1.800 «
```

Plus :

Le Cabinet du ministre, chefs-adjoints, secrétaires, etc............ 36.000
Les gens de service 49,000
Les hommes de peine............... 16.500

Total : 120 fonctionnaires avec 642.000 francs, pour contrôler 1.000 fontionnaires et 0 recettes + un million de dépenses.

b. Le Ministère (ou Sous-Secrétariat) des Postes et Télégraphes a comme matière d'administration :

1° Un personnel de 70.000 agents.

2° Un budget de recettes de 200 à 220 millions, plus les mouvements de caisses d'épargne, qui peuvent être évalués à 40 millions sur 800 millions de dépôt ;

3° Un budget de dépenses s'élevant à 165 millions environ.

Voici maintenant quelle est l'administration centrale de ce Ministère :

1 Ministre ou Sous-Secrétaire d'Etat..........	60.000 ou 25.000
3 Administrateurs........	15.000 à 12.000
15 Chefs de bureau	9.000 à 7.000
39 Sous-chefs de bureau ...	6.000 à 4.500
260 Rédacteurs..............	5.000 à 4.000
284 Expéditionnaires........	4.000 à 1.800
62 Gardiens de bureau.....	

Il en résulte que le haut personnel du Ministère du Commerce est presque aussi nombreux et aussi coûteux (pour contrôler mille personnes et 1 million de dépenses) que celui des Postes et Télégraphes pour contrôler 70.000 personnes et un budget de 200 millions!!

Si l'on compare un bureau central du Ministère du Commerce et un bureau central du Ministère des Postes et Télégraphes, voici ce qu'on trouve :

COMMERCE	POSTES ET TÉLÉGRAPHES
1 chef de bureau	1 chef de bureau
1 sous-chef	1 sous-chef
2 à 3 rédacteurs	17 rédacteurs
3 expéditionnaires.	18 expéditionnaires.

De cette comparaison il ressort qu'il y a au Ministère du Commerce une bureaucratie supérieure, absolument encombrante et dispendieuse. Pour justifier leur existence, ces messieurs passent leur temps à s'envoyer et à se renvoyer des circulaires, des copies de pièces, etc., paperasses innombrables qui retardent d'autant plus l'éxpédition rapide des affaires (1).

Il y a forcément des détails comiques dans de

_____

(1) Chaque Français a dans sa mémoire plusieurs anecdotes personnelles sur la sottise et les tracasseries administratives. Et M. Georges Courteline a trop spirituellement traité ce sujet pour que nous nous y attardions.

pareils abus de fonctionnarisme. C'est ainsi qu'on trouve au Ministère du Commerce un Bureau chargé de surveiller la législation des Poids et Mesures. Or ladite législation n'a pas été modifiée depuis 1846 ! ! C'est ainsi encore qu'un des fonctionnaires du même ministère a pour toute besogne d'expédier *un rapport par an* au Président de la République.

Autre observation typique : pas une « Commission » n'existe au Ministère du Commerce sans que ses membres ne touchent des jetons de présence et sans que son secrétaire ne reçoive une indemnité. Or ces commissions sont composées de fonctionnaires déjà rétribués par ailleurs ! !

Le Ministère du Commerce a été créé en 1881. On ne voit pas très bien à quoi correspondait cette bureaucratie nouvelle. On se l'explique mieux lorsqu'on étudie l'*Annuaire* de ce Ministère, et qu'on voit à quels appétits de clientèle politicienne ce nouveau gâteau budgétaire a profité...

Si le Ministère du Commerce est le plus beau type de *fonctionnarisme* dans nos administrations centrales, il n'est pas le seul. Au Ministère de la Guerre, au Ministère de la Marine, au Ministère de l'Intérieur surtout, on retrouverait les mêmes lèpres, plus ou moins étendues.

3° L'Administration départementale. — Lorsqu'il y a plus d'un siècle, l'Assemblée nationale divisa la France en 86 départements et cinq cents arrondissements, elle ne fit qu'obéir à la grande loi de centralisation administrative qui domine toute l'histoire de la France. A une époque où les communications entre les provinces et la capitale étaient longues et difficiles, il fallait multiplier les représentants du pouvoir central (monarchie ou république) sur tous les points du territoire. C'est ainsi que l'on créa les préfets, les directeurs des postes et de l'enregistrement, les présidents de tribunaux, les ingénieurs des Ponts-et-Chaussées, les proviseurs de lycée, et, au-dessous d'eux, les sous-préfets, les sous-directeurs, les principaux de collège, etc., etc. La vieille France fut couverte d'un réseau politique et administratif que Napoléon resserra encore, et qui imposa, malgré des rebellions terribles, l'unité nationale.

Mais, lorsque furent créés les chemins de fer, puis les télégraphes et enfin les téléphones, lorsqu'on put se transporter en quelques heures ou communiquer en quelques minutes d'un point à l'autre du territoire, la nécessité du département et de l'arrondissement disparut. Ce vieux réseau, contemporain des diligences et des perruques poudrées, ne correspondit plus aux exigences rapides de la France nouvelle. Il devait donc logiquement disparaître, comme une écorce vieillie tombe de l'arbre.

Il n'en fut rien. Le morcellement archaïque de la France en cinq cents subdivisions territoriales fut maintenu au double point de vue électoral et administratif. C'est la plus grosse faute que la Troisième République ait commise ; c'est presque un crime de lèse-France. Puissions-nous n'en pas porter trop lourdement l'héritage !

Comme toujours, la routine générale et l'intérêt personnel se mirent en travers du progrès national. Bien des législateurs ne comprirent pas que les nouveaux moyens de communication entraînaient avec eux une simplification prodigieuse dans les rouages administratifs de la France. Et trop de fonctionnaires, trop de parlementaires aussi, se sentaient menacés par cette simplification évidente, pour ne pas s'y opposer avec la plus farouche énergie.

Dans un article, paru dans la *Revue des Revues* (1er nov. 1898) (1), j'ai démontré que les députés

---

(1) *Le Parlement et la Nation en France*. (*Revue des Revues* du 15 novembre 1898).

d'arrondissement et les sénateurs de département avaient un intérêt immédiat à hypertrophier les archaïsmes dont ils sont les représentants. Le Parlementarisme est ici complice et générateur du Fonctionnarisme.

Il faudra une campagne prolongée des publicistes indépendants, il faudra peut-être une révolution sociale pour briser les vieux cadres pourris où pullulent les termites électoraux, les cloportes administratifs du département et de l'arrondissement.

A quoi servent les sous-préfets? A caser un certain nombre d'attachés de cabinet et à compliquer l'administration intérieure.

A quoi servent les directeurs départementaux des postes et télégraphes, ainsi que leur état-major? A caser un certain nombre de créatures parlementaires ou électorales, et à compliquer les rouages de la transmission postale, télégraphique et téléphonique (1); 10 à 12 Directeurs *régionaux* suffiraient amplement.

(1) Un seul exemple, pris entre cent, me fera comprendre. Lorsque l'on crée une ligne téléphonique nouvelle, le Ministère commence par demander un plan de travaux à chaque Directeur départemental (d'où circulaires, contre-circulaires, etc.). Chaque Directeur envoie son plan *séparé* au Ministère. Aucun de ces plans ne concorde avec le voisin

A quoi servent les Directeurs d'Enregistrement,
la moitié des percepteurs, contrôleurs, etc. ? A
caser des retraités de la politique ou de l'armée, et
à compliquer le recouvrement des recettes publiques.

A quoi servent bon nombre de lycées, de collèges, d'écoles normales primaires ? A caser des
prolétaires intellectuels diplômés, et à maintenir
le système stupide de l'internat pour les enfants
de la bourgeoisie et du peuple. La moitié de ces
établissements sont inutiles, et pourtant on les
maintient par raisons électorales ou fonction-
naristes (1).

A quoi servent, dans beaucoup de départements,
un préfet spécial, un ingénieur en chef des Ponts-
et-Chaussées spécial, un inspecteur d'académie
spécial ? Ne pourrait-on simplifier l'administra-

(d'où circulaires, contre-circulaires, etc.). Alors l'Administration *centrale* envoie des ingénieurs qui refont tout le
travail (d'où conflits, circulaires, contre-circulaires, etc.). Et
enfin les inspecteurs brochent sur le tout… Il eût été plus
simple de ne faire qu'un seul plan d'ensemble ; mais à quoi
auraient servi MM. les Directeurs départementaux ?

(1) Un exemple parmi tant d'autres : il y avait à Nimes
un lycée assez prospère, et, dans le même département du
Gard, à Alais, un collège médiocre. Au lieu de supprimer
le collège d'Alais et pour plaire aux parlementaires du crû,
on a transformé le collège d'Alais en lycée. Le résultat,
c'est que les deux lycées de Nimes et d'Alais sont aujourd'hui
en déficit et grèvent le budget national !

tion de la France, et, tout en gardant la centralisation nécessaire, agglomérer les départements en régions?

Une des conséquences déplorables du fonctionnarisme départemental et d'arrondissement, c'est la nécessité, que dis-je ? la manie du contrôle. Un tas d'inspecteurs-généraux, aux appointements très forts, servent à contrôler... des fonctionnaires inutiles. En supprimant les uns, on supprimerait les autres. Et l'on supprimerait du même coup un échange de lettres, de circulaires, de paperasseries qui nécessitent des locaux spéciaux et des expéditionnaires en grand nombre.

Cette manie du contrôle est d'autant plus ridicule que l'administration française, grâce à la complication des services, aux influences politiques, et plus encore au fétichisme des mœurs, est *omnipotente* et *irresponsable*. C'est donc une dégénérescence, purement inquisitoriale et vexatoire pour les petits employés, mais extrèmement coûteuse pour le budget de la France et funeste pour le caractère national.

4° L'ADMINISTRATION COLONIALE. — Les colonies françaises ont, jusqu'ici, servi à exercer notre armée et à augmenter nos fonctionnaires. Cette affirmation est devenue un cliché : je n'en abuserai pas. Il n'en est pas moins vrai qu'il y a quelque chose de scandaleux à voir une quantité de jeunes Français, qui auraient peut-être fait d'excellents agriculteurs ou industriels ou commerçants, s'embarquer sur les navires de l'État pour être, à Madagascar ou au Tonkin, receveurs des douanes, commis d'administration, que sais-je ?

Ces actes de fonctionnarisme, et non d'administration, sont un double crime envers la patrie : 1º ils immobilisent et dépriment une partie de la jeunesse française ; 2" ils contrarient, par des tracasseries paperassières, l'initiative et la bonne volonté de nos colons.

Un fonctionnaire des colonies n'a, en principe, qu'un objectif : embêter le colon, le rabaisser au-dessous de lui. Cela est honteux, mais cela est vrai. Ajoutez que la plupart de nos fonctionnaires coloniaux sont assez bizarrement recrutés, et vous jugerez des bons effets que peut avoir le stupide fonctionnarisme à outrance du Ministère des Colonies.

Ce ministère a été, lui aussi, en grande partie, une création politique. Son administration centrale regorge d'une quantité de bureaucrates qui n'ont jamais été aux colonies et qui ont trouvé la un refuge... métropolitain, de tout repos. Ces messieurs prétendent diriger, à six mille lieues, des pays qu'ils n'ont jamais vus, des civilisations qu'ils ignorent, etc.

Quant au fonctionnarisme des colonies elles-mêmes, voici quelques détails typiques, choisis d'après des données officielles :

a. Les Indes Françaises absorbent exactement 450 fonctionnaires civils. Or, à peine avons-nous quelques colons dans ces gouvernements. A Yanaon, où il y a une quinzaine de fonctionnaires, *il n'y avait pas un colon*. Un Français étant venu s'y établir, tous les fonctionnaires se sont abattus sur lui, ont exercé sur lui leur science administrative, tant et si bien que le malheureux a déguerpi et s'est installé... *en pays anglais*, pour être tranquille.

b. Tous les imprimés du ministère des colonies sont fabriqués en France et expédiés là-bas. Cela n'empêche que, dans chaque colonie, il y a un directeur, parfois même un sous-directeur de l'Imprimerie !

c. Dans tel territoire du Soudan ou du Congo, nous avons 200 fonctionnaires pour 2,000 nègres et nul commerce, nulle industrie...

Etc., etc.

IV. — LES CAUSES DU FONCTIONNARISME

Par l'examen attentif des faits que je viens de rappeler, le lecteur a pu se rendre compte que le fonctionnarisme, par rapport à l'administration, est une sorte d'excroissance parasitaire et cancéreuse, due à des causes dont les unes sont politiques et les autres professionnelles.

De ces causes, quelques-unes, très anciennes, remontent à l'ancien régime ; d'autres, contemporaines, viennent du régime actuel. Si l'on espère trouver des remèdes au fonctionnarisme, il est nécessaire de bien rechercher ces causes.

Beaucoup de personnes croient que les abus du fonctionnarisme sont nés après le Premier Empire. Napoléon, aurait changé la France en une vaste bureaucratie! Cela est très inexact. Napoléon Ier, liquidateur forcé de la Convention, n'a fait que régulariser, militariser, nationaliser l'amas informe des offices publics qui existaient déjà sous la Monarchie.

Nos anciens rois n'avaient pas de budgets, mais ils avaient des plaisirs. Leurs favoris, leurs maîtresses, leurs châteaux, leurs guerres, les endettaient et les ruinaient. Ils faisaient alors ima-

giner par leurs légistes et leurs « secrétaires d'État »
des expédients financiers qui épouvanteraient nos
commissions du budget. Ils *créaient des offices*, c'est-à-
dire que, moyennant finances, ils donnaient à tel
ou tel fils de bourgeois enrichi l'autorisation
d'être, *au nom du Roi*, notaire, greffier, avoué,
juge, percepteur d'impôt, que sais-je ? rien du
tout parfois, mais enfin officier royal, c'est-à-dire
quelqu'un de distingué, qui prenait ainsi son premier grade d'aspirant aux privilèges, de candidat
à la noblesse.

La vanité a toujours été le meilleur moyen de
prendre les parvenus. Devenir « officier royal »,
acheter très cher le pouvoir de se rapprocher de la
Cour, tel fut l'idéal caressé pour leurs fils par les
bourgeois de l'ancien régime. Cette manie des
offices publics, stérile et ruineuse, enraya, dès la
seconde génération, notre commerce et notre industrie. Vers le même temps, des dynasties héré-
ditaires de marchands anglais et hollandais firent
la conquête économique du monde.

En vain Colbert essaya de détruire le mal. En
vain il supplia le roi d'abolir les offices inutiles.
Louis XIV, qui avait besoin d'argent pour ses
fêtes et ses conquêtes, fit la sourde oreille. Bien
plus, il multiplia le fonctionnarisme bourgeois.

8.

Le « long siècle de roture », comme l'appelle avec rage Saint-Simon fut l'époque bénie des George Dandin, des Perrin Dandin et des « Bourgeois Gentilshommes » immortalisés par Molière et Racine.

La création artificielle d'emplois par le pouvoir politique, est, on le voit, très ancienne. La Monarchie en est la première responsable, avant l'Empire et la République. Autrefois les rois multipliaient les fonctionnaires pour remplir leur trésor ; maintenant les politiciens les multiplient pour maintenir leur influence. Les mobiles sont différents, l'acte est le même.

L'intervention arbitraire de la politique dans l'administration est la cause permanente des progrès du fonctionnarisme. Mais elle n'est pas la seule. L'éducation, les mœurs publiques, les événements sociaux, les changements économiques ont singulièrement contribué à favoriser ces progrès.

Depuis plusieurs siècles, toute l'éducation de la bourgeoisie française a été organisée pour la conquête des offices publics. C'est par les grades, en effet, joints à une bonne somme d'argent, que l'on devenait officier du roi. Qui conférait ces grades ? l'Université. Dès 1600, il fallut être bachelier ou licencié de quelque chose pour aspirer à être fonctionnaire. D'où la nécessité pour la bourgeoisie d'envoyer ses enfants dans les collèges universitaires où se préparaient les candidats aux grades. Pendant tout le XVIIe et le XVIIIe siècle, des milliers d'enfants s'entassèrent dans ces internats pour devenir bacheliers et licenciés d'abord, greffiers, procureurs, juges, abbés, etc., ensuite.

Le baccalauréat et l'internat, nés du fonctionnarisme, ont à leur tour multiplié l'aptitude au fonctionnarisme. Toute la bourgeoisie et, à sa suite, toute l'élite populaire, ont subi cette empreinte. L'éducation secondaire de la France a été perfectionnée de siècle en siècle en vue de former des apprentis-fonctionnaires et pas autre chose. Ce qui n'avait été au début qu'un expédient royal et la vanité d'une classe moyenne, s'est transformé en règle de vie pour toute une nation. Les mœurs publiques se sont coalisées dans ce sens. Peu à peu le fonctionnarisme est devenu l'idole de la France.

Joignez que notre religion d'État et notre organisation militaire nous y conviaient. Le catholicisme et l'armée sont des hiérarchies administratives du plus puissant effet. Leur coexistence dans une race régie par le droit romain n'a pu que renforcer le goût des grades, des titres, des distinctions. Cela est si vrai que nos internats scolaires sont des réductions de couvents-casernes, et que nos administrations elles-mêmes ont, dans toutes leurs démarches, quelque chose de clérical et de militaire.

A ces causes permanentes et profondes sont venues se joindre des causes plus récentes et non moins funestes. L'administration de la France, réorganisée à la fin du XVIIIe siècle sur le plan d'une centralisation simplifiée, est redevenue, comme nous l'avons vu, une centralisation compliquée. Les chemins de fer, les télégraphes, les téléphones ont rendu inutiles la plupart des rouages créés par le Pouvoir central en 1790, et ils en ont rendu d'autres absolument nécessaires. Le simple bon sens indiquait la suppression des anciens rouages, l'agencement des nouveaux, le retour à une centralisation simplifiée suivant les nouveaux besoins de notre temps comme celle de 1790 l'avait été pour les besoins d'alors. Malheureusement, la politique et l'administration, complices l'une de l'autre pour grossir leur pouvoir, ont laissé subsister les anciens rouages parmi les nouveaux. D'où un embarras pléthorique et inextricable dans les affaires publiques, un pullulement d'abus qui s'hypertrophient les uns les autres en paralysant l'énergie vitale de la France.

Est-il besoin d'insister plus longuement sur les conséquences du fonctionnarisme ? Elles ont éclaté à chaque page de cette étude, elles éclatent à chaque heure de notre vie nationale.

Une éducation de la jeunesse faussée par le baccalauréat et l'internat ; un prolétariat intellectuel sans cesse accru ; l'esprit public perverti par la manie des privilèges ; le fétichisme des places ; l'abus des protections ; la décadence rapide de notre énergie industrielle, commerciale et même artistique ; l'esprit d'intrigue, de servilisme et de routine substitué à l'activité de l'âme et à la franchise du caractère ; une confusion croissante entre la politique et l'administration ; un budget de dépenses effroyablement grossi et qui s'augmente chaque année d'un surplus de pensions de retraites à verser (1) ; le triomphe possible d'une bureaucratie tracassière sur les ruines de l'énergie individuelle ; ne sont-ce pas des symptômes évidents à tous les regards ?

(1) Beaucoup de Français s'imaginent faussement que les pensions de retraite dérivent de la *retenue* faite sur les appointements des fonctionnaires au cours de leur carrière. Cette retenue n'est qu'une atténuation aux dépenses de l'Etat. La loi du 7 juin 1853 supposait que les retenues suffiraient à ali-

N'est-il pas temps que la France réagisse par des mesures précises et énergiques ?

Et si ces mesures sont applicables, qui les appliquera ?

V. — LES REMÈDES CONTRE LE FONCTIONNARISME

D'après le diagnostic que nous avons établi du mal et de ses causes, cinq remèdes peuvent être simultanément proposés contre le fonctionnarisme :

1º *Séparer la Politique de l'Administration*, c'est-à-dire : réduire l'omnipotence illégale des minis-tres (1) ; interdire aux ministres de créer arbitrai-

menter les pensions civiles. Le tableau suivant montre qu'elle s'est trompée :

	Retenues	Traitements	Pensions
Année 1853...	13 millions	266 millions	23 millions
Année 1896...	27 —	526 —	68 —

Le nombre des fonctionnaires augmentant chaque année, le budget des retraites se gonflera de même jusqu'à... la banqueroute.

(1) Veut-on savoir, d'après un récent rapport de M. Camille Pelletan, rapporteur général du budget à la Chambre des Députés, quel a été le chiffre des dépenses faites *sans autorisation* pendant une période de vingt ans par les divers ministres ? Il dépasse *un milliard deux cent millions !* Dans les Etats où la responsabilité ministérielle et le contrôle parlementaire ne sont pas de vains mots, voici ce qui se passe : En Angleterre, de 1891 à 1897, les ministres non seulement n'ont pas dépassé les crédits fixés, mais ont fait une économie de 115 millions. Aux Etats-Unis, les écono-

rement des cabinets extra-administratifs qui deviennent des pépinières de fonctionnaires favorisés ; interdire aux ministres de modifier à leur gré les administrations centrales ; interdire aux députés et aux sénateurs l'influence *directe* sur les bureaux des Ministères.

2° *Réformer les Administrations centrales,* c'est-à-dire : diminuer dans la mesure convenable le nombre fantastique des chefs de bureau, sous-chefs, commis rédacteurs, inspecteurs, contrôleurs, commissaires, conseillers, etc., etc., qui encombrent les Ministères et paralysent le service par la paperasserie et la manie du contrôle ; aliéner des immeubles et des hôtels absolument dispendieux, et loger les Ministères dans des bureaux hygiéniques et économiques : diminuer l'omnipotence des Bureaux centraux en augmentant leur responsabilité à tous les degrés.

3° *Substituer la centralisation par régions à la centralisation par départements et arrondissements,*

mies ont atteint 300 millions. Pendant la même période de six ans, nos ministres ont dépensé sans autorisation 300 millions. Cette année même, l'excédent des crédits supplémentaires est de 74 millions. Le Parlement se rend donc complice des ministres qu'il devrait surveiller, et, au besoin, *exécuter* une bonne fois, pour que l'envie de recommencer ne vienne pas à leurs successeurs.

c'est-à-dire : supprimer des unités administratives qui n'ont plus leur raison d'être depuis soixante ans et qui sont devenues encombrantes et coûteuses autant que fossiles ; supprimer le scrutin d'arrondissement et le remplacer par le scrutin régional et corporatif ; supprimer la plupart des fonctionnaires d'arrondissements ; ramener le nombre des préfets, inspecteurs d'académie, évêques, ingénieurs en chef, directeurs des postes et d'enregistrement, du chiffre de 90 au chiffre de 12 à 15 pour chacun de ces emplois ; diminuer dans la même proportion leurs états-majors administratifs ; en un mot, faire de la *centralisation simplifiée* au lieu de la *centralisation compliquée ;*

4° *Reviser scrupuleusement l'administration coloniale,* c'est-à-dire : supprimer tous les postes qui ne correspondent pas à une vitalité réelle dans les vieilles colonies, et ne pas créer de postes fictifs dans les jeunes colonies.

5° *Modifier les mœurs publiques et l'éducation de la bourgeoisie ;* c'est-à-dire : n'accorder aucune faveur aux fonctionnaires par préférence aux autres citoyens ; supprimer le système des dépenses universitaires qui recrute le prolétariat intellectuel ; diminuer le nombre excessif des élèves dans les grandes Écoles du Gouvernement ; supprimer le Baccalauréat qui est le premier guichet du fonctionnarisme ; supprimer, ou réformer complètement l'Internat (lycées, collèges, séminaires, etc.), qui est une école séculaire de machinisme administratif ; encourager par toutes sortes de moyens l'énergie individuelle des jeunes gens et des hommes dans le triple champ de la création intellectuelle, industrielle, commerciale.

Ces cinq remèdes sont-ils applicables à la France sans danger pour elle ? Evidemment, puisqu'ils ne contreviennent point aux lois de son développement vital, puisqu'au contraire ils ne feraient que la ramener aux grands principes de centralisation politique et de liberté individuelle qui ont fait sa force et son idéal aux époques glorieuses de son histoire !

Mais qui les appliquera ?

Se trouvera-t-il un Parlement assez courageux pour imposer aux Ministres de l'Etat l'obligation légale de supprimer tout arbitraire administratif autour d'eux ? Se trouvera-t-il des Ministres assez loyaux pour interdire aux parlementaires l'accès direct et l'influence prépondérante dans les administrations ? Se trouvera-t-il une Assemblée nationale assez consciente des intérêts nouveaux de la France pour modifier l'œuvre de l'Assemblée législative de 1790, tout en conservant son esprit, c'est-à-dire pour substituer la Région au Département sans pour cela décentraliser la France ? Se trouvera-t-il une Université assez sincère pour jeter bas l'odieux système d'examens et de casemates dans lequel pourrissent les énergies de la jeunesse française ? Et se trouvera-t-il un esprit public assez éclairé, assez vivace, assez puissant pour imposer, par le suffrage universel comme par le journal et le livre, l'accomplissement rapide et simultané de ces réformes ?

Nous en doutons. De si grandes choses n'ont jamais été accomplies que par deux moyens : Révolution dictatoriale des minorités ou Education lente de la masse, et plus souvent par le premier que par le second.

Entre ces deux moyens, la France n'a pas à choisir. C'est le Destin qui décidera pour elle. Nous n'avons pas l'impertinence de vouloir soulever les masques du Destin.

Mais notre foi personnelle s'adresse à l'éducation directe des masses. Les Révolutions accomplies par des minorités ne sont que des expédients incomplets et éphémères. Les transformations accomplies par le consentement des majorités sont durables et profondes. Parlons donc au peuple de France, crionslui les maux de la patrie, proposons-lui les remèdes nécessaires !

Si jamais une campagne d'hommes indépendants auprès du peuple parvenait à faire de chaque Français un citoyen conscient de la vraie France, ce jour-là, le Fonctionnarisme aurait vécu.

Et nous n'aurions pas besoin d'un Comité de Salut Public, ou d'un César, pour nous en délivrer !

**Propriété immobilière des congrégations en France
par départements**

Les carrés blancs représentent la valeur de la propriété
immobilière des congrégations en 1881 ; les carrés noirs,
celle de l'année 1898. Ajoutons qu'un millimètre représente 1 million 500.000 francs.

CHAPITRE III

Les Prolétaires

dans le Clergé Français

.

I

L'or des tabernacles et des ciboires ne déteint
pas aux mains de tous les prêtres, et ces mains,
quelquefois sillonnées par les rides des travaux de
la bêche, non des mains de prélats, se tendent à la
générosité des riches. Les prêtres qui ne possèdent
pas de fortune personnelle sont pauvres, presque
nécessiteux.

Ainsi, par les villes et par les villages, se cache
un prolétariat en soutane dont le silence discipli-
naire s'élève jusqu'à l'abnégation. Et pourtant, les
gauloiseries abondent sur le bien-être dont les
curés ouatent leur célibat. La chanson a glorifié

dans le presbytère un grenier d'abondance où des faces rubicondes riaient jnsqu'à se fendre. Ce sont là des airs de vaudevilles, de vaudevilles défunts dont le vent a semé la cendre un peu partout, dans le mépris, dans l'oubli ! Justement ces curés de campagne qui, pour leurs hôtes, savent aller chercher derrière les fagots une bouteille de bon vin — don du châtelain ou du notaire — composent l'un des fragments de ce prolétariat ecclésiastique qu'on semble méconnaître. L'autre fragment est représenté par des prêtres qui n'ont ni feu ni lieu, des prêtres errants qui cheminent derrière une idée, derrière une espérance ou derrière une ambition. Forts de l'Idée, ils ont demandé à leur évêque l'autorisation de quitter le diocèse et de se rendre dans tel autre dont l'évêque agrée leur présence.

Le prélat sollicité s'est enquis des motifs de leur déplacement et des moyens d'existence qu'ils trouveront en leur nouvelle résidence, car si le prêtre doit être nourri par l'évêque qui est son chef, il devient la proie du hasard dès qu'il change de diocèse pour des raisons personnelles. Aux questions de l'évêque, on répond par l'étalage de glorieuses espérances, ah ! les beaux rêves où rayonne la grandeur de l'Eglise, où s'illumine l'épopée de la Foi !

Le pain quotidien, minuscule préoccupation à côté de l'Idée magnifique ! On compte sur de vagues leçons, sur d'anciennes amitiés. Et l'évêque, pour ne pas emprisonner dans le cercle étroit des habitudes provinciales, ces intelligences ailées qui donneront peut-être à l'Eglise les grands hommes dont elle a besoin et dont elle s'enorgueillira, accorde son autorisation. Et les prêtres partent à l'aventure.

A ceux-là, il est impossible de discuter la qualification de prolétaires : ils vivent comme ils peuvent, mangeant aux tables qui s'ouvrent par charité. Les uns sont des capricieux, des mécontents, des fantasques ; les autres des songeurs qui ont cru avoir mieux à faire dans la vie que de se condamner aux médiocres besognes des petites cures. Une ambition éclaire leur route, ils vont vers la grande ville où l'on bataille. Ils fondent des journaux, dirigent des revues, vivent d'articles ou de leçons, et se trouvent dans toutes les mêlées où les masses intellectuelles se jettent, les crocs en avant. On en cite quelques-uns qui, sans se départir de la dignité de leur caractère, ont revêtu, à des heures difficiles, la cotte de l'ouvrier, et ont demandé au labeur de leurs bras de les nourrir pendant que leur pensée poursuivait un rêve.

Mais la plupart se confinent dans le préceptorat, acceptent une situation voisine de la domesticité, et vont, au gré des *Epitome historiæ sacræ*, répandre un peu de latin dans l'intelligence de jeunes maîtres arrogants déjà. D'autres sont prêtres *habitués* dans certaines paroisses, c'est-à-dire qu'ils ne reçoivent aucun traitement, mais disent des messes qu'on leur procure par relations, cela vaut deux francs par office; ils rendent aussi quelques services de remplacement qu'on indemnise. Quoique prêtres, ces hommes-là se trouvent dans la situation de tous ceux qui n'ont ni fortune, ni emploi, et leur vie s'écoule, hasardeuse, ballotée d'un lendemain incertain à un lendemain inconnu.

A Paris, où l'on voit pourtant des milliers de soutanes, taches noires qui se meurent dans la foule grise, monotone, uniformée de banalité, ombre de mort à côté de la tache sanglante du soldat, à Paris, il n'y a peut-être pas plus de 200 prêtres qui participent au budget des cultes.

L'attirance de Paris est, pour les ecclésiastiques, comme pour les autres intellectuels, la cause de leur fortune. Ceux qui tentent la grandeur d'une idée ou le goût de la science, croient y rencontrer un appui, un soutien, ou un moyen de vivre;

mais Paris, favorable aux *faiseurs*, aux hâbleurs, aux escrocs brillants, est hostile à ceux qui désirent y vivre humblement ou y travailler en silence. Il est bien par ci, par là, de « bonnes personnes » qui s'intéressent au sort des jeunes ecclésiastiques venus pour étudier et qui les secourent ; mais c'est encore le pain de l'aumône. Malgré le caractère indélébile de sa fonction, malgré un embrigadement dont son costume est la marque, le prêtre, qui a quitté son diocèse sans être appelé à un poste, est forcé de se débattre contre la vie de la même façon que tout autre homme. Et on lit dans les petites annonces des journaux :

Prêtre accompagnerait enfants à la campagne, au bord de la mer.
Prêtre cherche place de précepteur, voyagerait.

Au bout de quelques années de lutte, de résistance, vaincu, il devient une épave. On croise ainsi dans les rues des prêtres pâles et tristes qui n'attendent plus que la mort. De quel côté se dirige alors leur destinée ?

Les uns s'ensevelissent dans des œuvres religieuses, d'autres languissent en prêtres habitués dans des paroisses qui les recueillent. Certains partent dans des missions. Quelques-uns se défroquent, car si leur caractère n'est presque jamais une aide, il est souvent un empêchement.

Un petit nombre consentent à retourner dans leur diocèse avec la honte de n'avoir pas réussi, et on les envoie dans des presbytères de village où l'atmosphère a une odeur d'étable, parce qu'une ferme l'avoisine, et une odeur de mort, parce que le cimetière est en face. D'autres enfin, une infinie minorité, s'égarent, oublient leurs devoirs, entreprennent des affaires ; parfois, on aperçoit, dans les agences matrimoniales, une soutane dont la présence en ces lieux donne à penser.

II

L'autre fragment du prolétariat ecclésiastique comprend les desservants de campagne. On peut objecter qu'ils sont pourvus d'un traitement et appartiennent à notre fonctionnarisme national. Mais ce traitement se présente si minime qu'il les laisse dans la misère des soupes maigres et des douillettes rapiécées. En outre, seuls, parmi les fonctionnaires, ils n'ont pas droit à une retraite ; de plus, livrés à l'arbitraire épiscopal, ils sont des volontés mortes entre les mains despotiques des évêques qui peuvent les déplacer, les révoquer, les interdire selon leur gré.

Leur unique recours est Rome, c'est-à-dire un procès long et dispendieux. Leur avenir ne sera donc assuré que si, après de longues années de servitude, ils parviennent au grade de curés de canton, gens inamovibles, mieux rétribués en traitement et en casuel. Dans le clergé, comme dans les autres organisations d'un Etat, la hiérarchie répand en haut des honneurs et de l'argent, en bas, de l'humiliation, des souffrances, de la faim. Prolétaires, les desservants de campagne, le sont donc aussi, puisque, pauvres, ils n'ont pas la sécurité du pain assuré. D'ailleurs l'échelle des traitements au budget des cultes marque la différence flagrante des situations ecclésiastiques :

```
Un archevêque reçoit......................... 15.000 fr.
Un évêque          —   ....................... 10.000 fr.
Le curé de Notre-Dame de Paris reçoit.........  2.400 fr.
Un curé de cathédrale          —   ...  1.500 à 1.600 fr.
Un curé de 1re classe          —   ...  1.500 à 1.600 fr.
Un curé de 2e classe           —   ...  1.200 à 1.300 fr.
```

Passons aux desservants dont la catégorie se détaille en une hiérarchie lamentablement fondée sur la sénilité :

1º Desservants de 70 ans et au-dessus........   1.300 francs
2º   —   de 70 à 75 ans..............   1.200   —
3º   —   de 60 à 70 ans.............   1.100   —
4º   —   au-dessus de 60 ans..........   1.000   —
5º   —   au-dessous de 60 ans........   900   —

La première de ces divisions comprend 1.950 postes; la 2ᵉ 1.755; la 3ᵉ 4.627; la 4ᵉ 4.500; la 5ᵉ 18.170. La dernière est supérieure à la totalité des autres. On est donc autorisé à conclure que la majorité des desservants est au traitement de 900 francs.

En plus de cette allocation fixe, les prêtres catholiques jouissent d'un *casuel*, c'est-à-dire d'un pourcentage sur le prix des diverses cérémonies du culte, le reste de la somme étant absorbé par la fabrique, par les frais de l'ornementation (fleurs, draperies, etc.), par les suppléments d'orgue et par la remunération des employés. Pour les grandes villes, ce *casuel* atteint un chiffre agréable; à Paris les bonnes paroisses rapportent de 30 à 80.000 francs. Dans les villages 'e *casuel* est presque nul. Il y a des exemples de paroisses rurales où il ne dépasse pas 6 francs par an. Monseigneur Guilbert a affirmé que, dans certains diocéses, la moyenne en était de 17 francs. En 1868, pour le diocèse d'Orléans, il donnait une moyenne annuelle de 50 francs. Depuis cette époque, avec le progrès de l'indifférence religieuse, la moyenne n'a pu que baisser.

La troisième partie des revenus d'un prêtre est représentée par ses honoraires de messe ; messes de fondations, messes commandées pour le repos d'une âme, messes d'action de grâce, etc.

A Paris la plus modeste messe coûte 1 fr. 50. Dans les villages, elle coûte 1 franc. D'ailleurs un desservant de campagne a toujours des messes ; quand il ne lui en vient pas de ses ouailles, les paroisses parisiennes, Notre-Dame des Victoires et le Sacré-Cœur lui en expédient. Ces messes, qui sont commandées à Paris par des fidèles, sans spécification ni de lieu, ni de chapelle, sont dites sous des clochers de village ; en quelque sorte elles servent de secours envoyés à des ecclésiastiques très nécessiteux.

Les paroisses de Paris font payer ces messes 1 fr. 50 ; elles gardent 0 fr. 50 pour elles ; adressent aux desservants 1 franc.

Mais tout prêtre, doté d'un traitement, doit dire par an de 60 à 100 messes gratuites pour le peuple, pour la patrie. Considérant cette restriction, nous posons qu'un desservant de campagne touche annuellement environ 250 francs de messes. Additionnons ses ressources : traitement 900

— casuel 50 — honoraires de messes 250 ; total 1.200 francs. Il est obligé d'avoir une servante qu'il paie 200 fr. par année ; déduction faite il lui reste 1.000 francs, c'est-à-dire 2 fr. 75 par jour. Avec cette somme, on est forcé au presbytère de vivre à deux, la servante et le maître. Un ouvrier gagne autant. Le desservant possède en plus le logement et le jardin, les légumes par conséquent. Mais l'entretien du prêtre est onéreux ; les vêtements ecclésiastiques coûtent relativement cher ; ils constituent un surplus, car, sous la soutane, le prêtre porte un vêtement comme tout homme en porte, puis cette étoffe noire s'use et se salit vite. Par sa situation, le desservant est obligé à certaines aumônes, qui viennent encore rogner dans la modicité de son budget. Et son menu se rapproche du pain sec. Dans la plupart des cas ses dépenses excèdent ses recettes et, pour parfaire la différence il doit attendre des dons de la générosité de ses ouailles et tombe ainsi dans la vassalité des riches.

Deux desservants nous ont autorisé à arracher des pages à leur carnet de compte de maison, voici les chiffres que nous relevons :

1er cas. — *Dépenses de l'année :*

Pain. . . . . Fr.	146	50
2 pièces de vin à 90 francs. .	180	»
Viande.	253	20
Poisson.	24	20
50 kilogs de porc à o fr. 60 .	30	»
Domestique.	160	»
Entretien du jardin. . . .	22	»
Impôts.	26	40
10 stères de bois à 12 francs.	120	»
100 fagots.	20	»
50 livres de beurre à 1 franc.	50	»
Œufs, lait.	35	40
Soutane	60	»
Douillette.	56	»
Vêtements, linge.	35	»
Epicerie, sucre, café. . . .	108	50
Caisse diocésaine.	10	»
Pauvres	93	50
Livres, journaux.	48	»
Voyages obligatoires . . .	42	50
Chaussures	45	»
Total. . .	1.565	20

2e cas. — Dépenses annuelles.

Aumônes	100	»
Servante.	200	»
Nourriture de la servante. .	350	»
Correspondance.	25	»
Etrennes.	20	»
Journaux, livres, revues . .	40	»
Voyages nécessaires. . . .	50	»
Réception, hospitalité. . .	50	»
Epicerie	100	»
Viande et graisse. . . .	300	»
Bois et lampe.	150	»
Pain	140	»
Habillement.	100	»
Vin.	200	»
Total. . .	1.825	»

Aux pays annexés les desservants sont moins malheureux. Leur traitement est de 1.500 francs, et de plus ils reçoivent une indemnité lorsque la population du village n'atteint pas 300 âmes, car, dans ce cas, le casuel se chiffre par des sommes dérisoires.

Chez nous, si le curé est très pauvre, son église ne l'est pas moins. Pauvre église vermoulue, au clocher de laquelle le coq ne pourrait plus chanter que des défaites ! L'orage a brisé les faux vitraux des fenêtres, la Sainte Vierge s'effrite, le Chemin de la Croix n'a plus de couleur ; et puis les aubes sont couvertes de reprises ; l'or de la belle chasuble des dimanches s'est éteint en jaune d'œuf. Alors le curé se tourne du côté des gens riches, qui parfois, ou plutôt très souvent sont des réactionnaires : il accepte leurs offrandes.

Voici donc, telle qu'elle apparaît, la situation exacte du desservant de campagne : asservissement absolu au joug des évêques, servilité envers les seigneurs du clocher, génuflexions devant les gros bonnets politiques de la paroisse. Il faut une belle santé morale, une grande robustesse de cœur pour résister à cette existence de vexations.

Aux pays religieux encore, ses ouailles lui viennent en aide, parent son église, et favorisent sa table, ce qui lui permet de trouver des économies pour s'habiller. Mais sur les territoires indifférents ou anticléricaux, sa soutane est suspectée. On épie sa vie ; s'il est invité au château, on le traite de réactionnaire ; s'il reste chez lui, on l'appelle « loup sauvage ». S'il se rend chez des gens âgés, on l'accuse de vouloir capter un héritage. On écrit à l'évêché des lettres anonymes, on envoie aux journaux des notes désobligeantes. La paroisse anticléricale est le purgatoire des curés de campagne. Cet humble ecclésiastique est certainement moins heureux et moins tranquille que l'instituteur, que le garde champêtre même.

L'instituteur, avec son traitement, cumule de petites charges qui le rémunèrent plus que le casuel ne soulage le desservant. Il se mêle à la population, dont rien ne le distingue, si ce n'est un peu peu plus d'orthographe. Le prêtre, au contraire, forme une tache à part, la tache noire ; son habit le spécialise. Sorti de son école, l'instituteur est un homme du peuple, semblable aux paysans ; le prêtre, lui, en toute circonstance, symbolise une idée jusqu'à l'obsession. Partout où il se rencontre, il reste le prêtre, l'homme particulier dont la robe ne fusionne toujours pas avec la veste et la blouse. Privé de foyer, il vit dans l'isolement triste de son presbytère blanchi à la chaux.

Autrefois, l'Etat accordait aux desservants un vicaire ; c'était un compagnon, une jeune intelligence à préparer aux épreuves de la vie. Aujourd'hui, l'Etat n'entretient plus que 7.000 vicaires de communes rurales, à raison de 450 francs par an et par téte, c'est-à-dire 1 fr. 25 par jour. C'est l'apprentissage de la misère. Et, dans la plupart des cas, le curé vit seul, en compagnie d'une vieille servante illettrée, qui s'acharne à boucher les trous ouverts par l'usure dans ses vêtements. Il cultive son jardin pour se distraire et aussi pour faire pousser les légumes qui alimentent sa table. Pendant que sa bêche s'enfonce dans le sol, le curé de campagne doit songer qu'il n'est guère de justice ici-bas.

S'il devient infirme, sur ses vieux jours, le desservant en sera réduit à mendier une pension à la direction des cultes; car, seul de tous nos nombreux fonctionnaires, il n'a pas droit à une retraite, il est vrai que son service ne comporte pas de limite d'âge, mais la sénilité, la maladie, finissent par en imposer une. Au budget, 300.000 francs figurent au titre des pensions ecclésiastiques : 275.500 francs sont prévus pour distribuer des secours à des prêtres âgés ou infirmes, sans fonctions, 50.500 pour des secours accidentels à des prêtres en activité, et 40.000 en faveur d'anciens vicaires généraux. Tout cela n'indique pas beaucoup d'opulence dans le clergé !

En certains diocèses, la minorité, les prêtres, constituent avec leurs deniers, une caisse de secours et de retraite qu'ils administrent eux-mêmes, sous le patronage de l'évêque. Ces caisses sont encore très pauvres, et souvent les fonds, au lieu de venir en aide à un prêtre nécessiteux, servent à fonder une bourse au séminaire. La caisse diocésaine est plutôt une caisse de réserve, qu'une caisse de secours. Ce qu'il a de mieux à faire, le vieux prêtre cassé, qui ne peut plus dire sa messe, et à qui il répugne de mendier au ministère, c'est de se retirer dans l'hospitalité, dans la charité de sa famille.

Il existe bien, dans quelques diocèses, des maisons de retraite ; alors, c'est l'hôpital, l'hôpital froid comme une tombe.

III

La situation prolétarienne des desservants de village provient du régime concordataire, qui a militarisé le clergé, couvrant les mitres de galons, et plaçant sous leur despotisme, des vassaux humbles comme des serfs. Un évêque a pu dire, sans exagération : « Mon clergé marche comme un régiment ».

Les conséquences du concordat de 1801 ont donc été funestes au clergé, puisqu'elles l'ont plongé dans le régime du favoritisme et de

l'oppression, qui a eu pour conséquence, l'ignorance et la misère. Favoritisme ? En effet, toutes
les nominations s'effectuent au choix, c'est-à-dire
qu'elles sont dues à un concert habile de protections et d'intrigues, et cela du haut en bas de la
hiérarchie ecclésiastique : celles des desservants,
livrées à l'autorité de l'évêque, ou des influences
qui peuvent peser sur sa volonté, celles des curés,
abandonnées à une coopération du pouvoir épiscopal et de crédit politique. A la Direction des
Cultes, sur une petite pancarte, dans le salon
d'attente, on lit qu'on est prié de demander
les dossiers avant de voir le Directeur. Cela
en indique long sur le système des nominations.

Les élèves des séminaires sentent si bien que la
carrière ecclésiastique est obstruée par le favoritisme, que beaucoup d'entre eux ont adopté cette
formule d'assiduité au labeur : J'en saurai toujours
assez pour être curé ! Et le clergé, aujourd'hui,
est loin de présenter l'autorité et le prestige
scientifique dont il était auréolé au XVIIe siècle.

Avant la signature du Concordat de 1801,
le concours servait de mode d'attribution des
fonctions et des bénéfices. Chacun obtenait la
place que lui réservait son mérite. Le pape Jean
XXII a écrit dans une bulle : « Vous savez que les

« places ecclésiastiques sont, suivant les canons
« sacrés, pour ceux qui, d'une part, recomman-
« dables par la pureté de leur vie, et de l'autre,
« brillants de la lumière de la science, sont en état
« de dissiper les ténèbres de l'ignorance ».

Le premier Concordat, signé en 1516, entre
François Ier et Léon X confirma cette disposition,
et le roi s'engagea à nommer aux sièges épisco-
paux, des docteurs ou des licenciés en théologie,
réservant les cures des villes aux gradués. A côté
des titres ecclésiastiques, le Concordat de 1516
garda également des avantages aux licenciés
en droit civil, en médecine et aux licenciés
ès-arts.

Le Concordat de 1801 fut muet sur ce point;
cela ne signifiait pas que le régime du mérite fût
abrogé, mais on négligea de l'appliquer, et lorsque
Louis XVIII signa en 1817 un nouveau Concordat,
dont l'article premier portait : « Le Concordat
conclu entre le Souverain Pontife Léon X et
François Ier est rétabli », on ne se soucia pas
davantage des grades.

De nos jours, peu de membres du clergé, même
dans l'épiscopat, sont munis d'une licence quelconque, en revanche ils possèdent de hautes
relations.

Le régime du Droit canonique était donc plus démocratique que le régime concordataire puisqu'il présidait à un partage plus équitable des prébendes avantageuses. En outre, il instituait entre les évêques et le bas clergé des tribunaux spéciaux, les *officialités*, chargés de régler les différends et d'adoucir les heurts entre l'autorité violette et la soumission noire. Les synodes diocésains jouaient aussi le rôle de tribunaux, ils pouvaient aplanir certaines difficultés et servaient à faire connaître aux évêques les vœux de son clergé. Dans un canon du concile de Cloveshoé (747), on voit qu'un évêque, pour mettre fin à un abus existant dans son diocèse, doit le dénoncer à son synode.

Or, en France, non seulement il n'y a pas eu de réunion de synode depuis 1850, mais encore les évêques, avant de prendre une décision, négligent généralement de consulter leur chapitre.

Pourtant le Concordat ne s'oppose pas à cette réunion ; l'article 4 des articles organiques en prévoit et en régularise le cas :

ART. 4. — Aucun concile national ou métropolitain, aucun synode diocésain, aucune assemblée délibérante n'aura lieu sans la permission expresse du gouvernement.

De même les *officialités*, si elles sont tombées en désuétude, ne sont pas interdites :

Cet ensemble de circonstances, s'ajoutant à la rigueur du Concordat, semble devoir paralyser le bas-clergé dans les souffrances de son prolétariat. On comprend facilement que les prêtres soient las de cet état et que certaiens aiment mieux courir les hasards de la lutte pour la vie que de languir dans des fonctions au-dessous de leur mérite. D'ailleurs, le Concordat, très sévère pour les évêques, se montre toujours impitoyable pour leurs subordonnés ; l'article 6 donne la mesure de son draconisme. Cet article contient le texte du serment qui, maintenant, n'est plus exigé des évêques, et indique la nature de la surveillance confiée à leur grade :

« Je jure et promets à Dieu, sur les Saints Evangiles, de garder obéissance et fidélité au Gouvernement établi par la Constitution de la République française. Je promets aussi de n'avoir aucune intelligence, de n'assister à aucun conseil, de n'entretenir aucune ligue, soit au dedans, soit au dehors, qui soit contraire à la tranquillité publique ; et si, dans mon diocèse ou ailleurs, j'apprends qu'il se trame quelque chose au préjudice de l'Etat, je le ferai savoir au Gouvernement ».

L'interprétation de la dernière phrase pouvait devenir dangereuse, car on ne sait pas toujours où commence un préjudice, et la surveillance commandée aux évêques semble démontrer que le gouvernement avait plus confiance dans l'aristocratie ecclésiastique, que dans sa démocratie de petits prêtres, issus du peuple.

Si le Concordat n'était pas démocratique dans sa réglementation morale du clergé, il ne l'était pas plus dans sa réglementation pécuniaire. En effet, l'article 26 des articles organiques contient cette disposition : « Ils (les évêques) ne pourront ordonner aucun ecclésiastique, s'il ne justifie d'une propriété produisant au moins un revenu annuel de 300 francs ». Cette exigence a été rétractée par Napoléon lui-même le 28 février 1810.

L'abrogation de cet article, en facilitant l'accès du clergé aux classes les plus pauvres, a marqué es débuts du prolétariat ecclésiastique. Et dès lors les desservants de campagne se recrutèrent parmi les fils des familles très humbles qui virent un avancement social dans ces modestes fonctions.

Le décret du 11 prairial de l'an XII avait fixé leur traitement à 500 francs. Successivement les ordonnances du 5 juin 1816, du 9 avril 1817, du

20 mai 1818, du 6 janvier 1830 et l'arrêté du 17 avril 1849, les décrets du 17 juin 1875, 5 mars 1877 et 28 janvier 1880, le modifièrent et le fixèrent définitivement en les différentes classes que nous avons énoncées déjà et par lesquelles le desservant passe, selon son avancement en âge.

IV

Maintes fois, des influences politiques ont essayé d'arracher le prolétariat ecclésiastique au joug des évêques; les tentatives se sont brisées contre la résistance de ceux-ci, résistance d'ailleurs concordataire.

Notre République avait compris qu'il était indigne d'elle de laisser des fonctionnaires et des fonctions abandonnés à l'arbitraire le plus absolu des chefs suprêmes. M. Jules Simon, alors ministre, adressa aux évêques, en 1873, la circulaire suivante qui resta sans effet, parce que ses dispositions tendaient à restreindre les prérogatives ombrageuses de l'épiscopat :

« Monseigneur.

Le ministre des cultes reçoit chaque année un grand nombre de demandes de création de nouvelles cures ; ces demandes sont souvent inspirées par le désir d'assurer à d'honorables ecclésiastiques un traitement plus élevé mais plus souvent encore, elles répondent à une autre préoccupation, elles tendent à faire rentrer des desservants dans le droit commun qui assure l'inamovibilité à tout ecclésiastique chargé de la direction spirituelle d'une paroisse.

Au commencement de ce siècle, les circonstances ont permis ou peut-être même exigé que l'Église fut réorganisée en France sur les mêmes bases que l'administration civile. Pour rendre au pouvoir central, sous toutes ses formes, la force et la liberté d'action qui lui semblaient indispensables, on avait restreint ou sacrifié des droits reconnus par la législation antérieure. C'est ainsi qu'en reconstituant l'Église, on enleva le privilège de l'inamovibilité aux neuf dixièmes des titulaires ecclésiastiques. Le curé placé à la tête de la paroisse restait toujours inamovible comme par le passé, mais on ne créait qu'un très petit nombre de curés et de paroisses autour desquelles devraient se grouper 30.000 succursales desservies par des prêtres placés sous la surveillance et la direction des curés approuvés par l'évêque et révocables par lui. (Loi du 18 germinal an X, article 30, 31, 60, 62).

La force des choses, l'usage et le législateur lui-même ont assimilé les succursales aux curés ou paroisses, les desservants aux curés, sauf toutefois pour le traitement et l'inamovibilité.

Le gouvernement a été fréquemment invité à faire disparaître cette inégalité de traitement et de situation. Il a opposé des considérations financières aux vœux qui lui étaient exprimés, et, depuis de longues années, il n'a demandé au pouvoir législatif que les crédits nécessaires à la création de quelques titres inamovibles. En 1829, on comptait 3.186 curés, on en compte aujourd'hui 3.437. L'augmentation n'a donc été que de 251 en 43 années, et ces créations ont été presque toutes imposées par l'article 60 de la loi du 18 germinal an X, portant « qu'il y aura au moins une paroisse (curé) dans chaque justice de paix ».

Ces considérations, Monseigneur, ne paraîtront pas très graves, si l'on remarque, comme je viens de le faire, qu'on désire moins encore augmenter le traitement des titulaires ecclésiastiques que leur rendre les droits qui leur appartiennent. Certaines combinaisons permettraient, en effet, d'entrer dans cette voie de réparation, sans imposer au trésor public un surcroit de dépenses bien considérables. Mais la question de principe a une importance supérieure aux préoccupations budgétaires ; aussi je crois devoir demander l'avis de l'épiscopat sur un projet qui tiendrait à augmenter le nombre des titulaires inamovibles, en autorisant le gouvernement à conférer, sur la demande des évêques, le titre personnel de curé de 3ᵉ classe aux desservants âgés de 30 ans révolus, qui seraient restés 10 années consécutives à la tête de la même paroisse. Le traitement de cette 3ᵉ classe serait de 1.000 francs et ces curés auraient droit aux suppléments de traitement assurés aux desservants lorsqu'ils atteignent l'âge de 60, 70 et 75 ans ».

Or, actuellement encore la division des cures se termine sur la 2ᵉ classe à 1.200 et 1.300 francs. La question de l'inamovibilité, dans les préoccupations du prolétariat ecclésiastique, prime la question du salaire : car si la modicité du salaire réduit le desservant à une basse condition, son amovibilité peut le plonger dans une déchéance complète où il ne trouvera plus ni pain, ni fonctions, ni soutien, ni sympathies.

En des pages qu'il convient de citer, M. Emile Ollivier (*l'Eglise et l'Etat*), après avoir discuté la question des concours, s'élève énergiquement contre la situation vacillante que les articles organiques créent au bas clergé ;

« La nomination des curés est avec raison attribuée aux évêques ; seulement c'est à tort que les évêques s'affranchissent de la très libérale disposition du droit canonique qui subordonne la collation des cures à un concours. Cette règle est tellement absolue que Pie V déclare vacante la cure qui aurait été conférée autrement.

Partout ailleurs qu'en France, cette discipline est en vigueur : le gouvernement n'a qu'à en demander au Saint-Siège le rétablissement, il l'obtiendra. Dès maintenant, le ministre des cultes pourrait déclarer aux évêques qu'il ne donnera son agrément à leurs nominations que si, conformément aux règles canonique *elles ont été précédées d'un concours*.

On sait, d'autre part, que le principal droit conféré aux prêtres par le concile de Trente était l'inamovibilité de tous les curés.

Les lois organiques ont changé toute cette discipline si bien équilibrée. Désormais, les curés du canton seuls sont reconnus pour des curés ; les curés ruraux ne sont plus que des desservants, des succursalistes révocables à volonté (art. 31, 60, 61).

Les lois organiques ont ainsi plongé le clergé de 2ᵉ ordre dans une servitude dont il n'avait pas connu encore la douloureuse humiliation : sous l'ancien régime, il y avait 32.000 curés ayant un titre inamovible et seulement 20.000 succursalistes ayant des titres révocables ; aujourd'hui il y a 3.425 curés inamovibles et 34.041 curés amovibles.

On peut même dire que l'inamovibilité n'existe plus, puisque l'évêque peut toujours frapper qui il veut et comme il veut *ex informata conscientia* ; n'eût-il pas mieux valu abandonner ces matières à la papauté plutôt que de les traiter avec une aussi cruelle partialité contre le faible ! »

V

Les revendications des prolétaires ecclésiastiques sont donc les suivantes :

1º Etablissement de l'inamovibilité pour tous les ecclésiastiques.

2º Restauration des concours, permettant aux plus intelligents, aux plus instruits, de s'élever sans protection dans les dignités de l'Eglise.

3º Restauration des *officialités*, tempérant l'arbitraire épiscopal.

4º Réunion régulière des synodes.

5º Relèvement de la situation pécuniaire. Etablissement de la limite d'âge et de la pension de retraite.

Ces vœux, sur les 2e, 3e et 4e points pourraient

s'accomplir sans difficulté après que les évêques se seraient concertés entre eux et auraient consulté le ministère. Il ne s'agit en l'espèce que d'une simple déviation administrative. Mais, le premier point est plus ardu ; et la résolution exige une refonte des articles organiques. Malheureusement, la loi de l'an X apparaît aux yeux des timorés et des inactifs comme une arche sainte sur laquelle il serait dangereux de porter la main. Sans la transformer jamais, on l'a laissée tellement vieillir, qu'aujourd'hui elle est caduque et ne s'adapte plus aux besoins de notre époque. Le républicanisme sincère tend à répudier cette loi farouche due à une période qui fut l'antichambre de l'Empire. On ne veut pas y trancher brutalement, mais l'on fait tomber hypocritement en désuétude les articles qui gênent. Cette désuétude marque le plus souvent un mouvement rétrograde et contraire à l'esprit de la Révolution. Ainsi, le 1ᵉʳ article même de la Convention du 26 Messidor n'est plus appliqué ; le voici :

ARTICLE PREMIER. — Aucune bulle, bref, rescrit, décret, mandat, provision, signature servant de provision, ni autres expéditions de la cour de Rome, même ne concernant que les particuliers, ne pourront être reçus, publiés, imprimés, ni autrement mis à exécution, sans l'autorisation du gouvernement.

Autre article qu'on oublie de respecter :

Art. 12. — Il sera libre aux archevêques et évêques d'ajouter à leur nom le titre de *Citoyen* ou celui de Monsieur. *Toutes autres qualifications sont interdites.*

Art. 39. — Il n'y aura qu'une liturgie et un catéchisme pour toutes les églises catholiques de France.

Cette prescription n'a été observée que jusqu'à la Restauration.

Sous l'Empire, le catéchisme, élaboré par un clergé très soumis, constitua une sorte de propagande gouvernementale. On lit, dans celui de 1807 :

D. — N'y a-t-il pas des motifs particuliers qui doivent plus fortement nous attacher à Napoléon Ier, notre empereur ?

R. — Oui : car il est *celui que Dieu a suscité dans les circonstances difficiles pour rétablir le culte public de la religion sainte de nos pères,* et pour en être le protecteur.

D. — Que doit-on penser de ceux qui manqueraient à leur devoir envers notre empereur ?

R. — Selon l'apôtre saint Paul, ils résisteraient *à l'ordre établi de Dieu même* et se rendraient dignes de la damnation éternelle.

D. — Les devoirs auxquels nous sommes tenus envers notre empereur nous *lieront-ils également envers ses successeurs légitimes dans l'ordre établi par les constitutions de l'empire ?*

R. — Oui, sans doute : car nous lisons dans la sainte Ecriture que Dieu, Seigneur du Ciel et de la Terre, par une disposition de sa volonté suprême et par sa providence, *donne les empires, non seulement à une personne en particulier, mais aussi à sa famille.*

Encore quelques articles égarés :

Art. 43. — Tous les ecclésiastiques seront habillés à la française et en noir. Les évêques pourront joindre à ce costume la croix pastorale et les bas violets.

Cette prescription n'assignait pas au clergé une tenue spéciale, au contraire, elle indiquait qu'il devait porter des vêtements semblables à ceux de l'époque.

Art. 51. — Les curés, aux prônes des messes paroissiales, prieront et feront prier pour la prospérité de la République française et pour les consuls.

Art. 52. — Ils ne se permettront, dans leurs instructions, aucune inculpation directe ou indirecte, soit contre les *personnes, soit contre les autres cultes autorisés* dans l'Etat.

Art. 52. — Ils ne feront au prône aucune publication étrangère à l'exercice du culte, si *ce n'est celles qui seront ordonnées par le gouvernement*.

Art. 58. — Il y aura en France dix archevêchés ou métropoles, et cinquante évêchés.

En 1787, il existait en France 158 diocèses dont 5 pour la Corse. Aujourd'hui nous possédons 18 archevêchés et 74 évêchés.

Partiellement et avec douceur on retouche donc le monument de Messidor, mais aucune modification n'améliore la condition sociale du bas clergé. Sans encourir aucun anathème, on peut se risquer à souhaiter une refonte de la loi qui, seule, donnera satisfaction aux desservants sur le point essentiel de leurs revendications : l'inamovibilité assurant une conscience indépendante.

Passant au dernier point :

L'établissement de la retraite constitue une mesure administrative facile à décider et qui serait bien accueillie par tout le monde. Le cas n'est pas prévu dans la loi, d'ailleurs assez imprécise. Ni le Pape ni les évêques ne sauraient pourtant s'opposer à cet avantage légitime, traitant les prêtres au même titre que les autres fonctionnaires.

Mais le relèvement de la situation pécuniaire est impossible s'il doit venir d'une augmentation du budget. Ce pays, qui râle sous le faix des impôts, est incapable de subvenir à de nouveaux sacrifices pour le clergé à une époque où la question de la séparation de l'Eglise et de l'Etat plane au-dessus des Parlements. D'ailleurs le budget des Cultes, depuis un siècle, a déjà bénéficié de progressions considérables.

Le 1ᵉʳ budget concordataire, celui de 1802, fut de 1.258.197. — Celui de 1803 fut de 4 millions. — Celui de 1805 fut de 12 millions. — Celui de 1813 fut de 17 millions.

Il faut noter que ce budget s'appliquait aux frais du culte, non seulement pour la France, mais encore pour le Piémont, la Toscane, l'Illyrie, les villes hanséatiques, etc.

En 1815, la France de l'Empire est rognée, mais la Restauration double la dotation du clergé.

En 1820 le budget des Cultes parvient à la somme de 24 millions; en 1826, à 30 millions; en 1829, à 35.581.510 francs.

La monarchie de Juillet lui retranche 2 millions; mais en 1838 il rebondit à 35 millions; en 1844, à 37 millions; en 1847, à 39 millions; en 1849, à 41 millions.

Le budget qui suit le coup d'Etat s'exhausse jusqu'au chiffre de 44.439 000 francs, l'Empire le porte à 50 millions, où il reste fixé jusqu'à 1870.

De 1872 à 1884, il oscille entre 54 et 51 millions.

Depuis 1884, une tendance à la baisse se manifeste; le budget varie entre 46.600.000 francs et 45.360.000 francs, pour, en 1898, descendre à 44. 026.623 francs.

On a déjà imposé à ce pays de si lourdes charges pour l'armée, pour la marine, pour l'enseignement, qu'on risquerait de l'accabler en lui ajoutant un autre fardeau. C'est donc dans les ressources qui lui sont personnelles que le clergé trouvera les moyens de soulager la misère de son

prolétariat. La différence du casuel d'une cure de
la ville au casuel d'une succursale semble indiquer
la solution. Le meilleur moyen de parer à la pauvreté des uns, à l'opulence des autres, consisterait
à syndiquer le casuel de tout un diocèse puis
à le partager suivant une certaine échelle entre
tous les ecclésiastiques en fonctions dans le diocèse.
D'autre part dans les diocèses très riches, très
pourvus, une part serait prélevée sur le casuel,
pour être versée aux diocèses très malheureux.

VI

En augmentant la situation pécuniaire des desservants on augmente leur dignité, leur indépendance, on les arrache à l'influence de ceux qui
leur offrent la table et ornent leur église ; on leur
rend le droit d'être des citoyens libres. Or, les
desservants sont tellement las de la situation qui
leur est faite actuellement, que la plupart d'entre
eux souhaitent la dénonciation du Concordat ; la
séparation de l'Eglise et de l'Etat, le retour au
régime du droit canonique serait du meilleur effet sur
leur situation ; d'abord ils obtiendraient, par l'application des canons des conciles, cette inamovibilité
que l'Etat leur a toujours refusée, et au moyen

de caisses diocésaines alimentées par des dons, par des recettes spéciales, par un casuel établi sur d'autres bases, ils jouiraient d'un traitement plus en rapport avec leurs besoins.

Ils croient fermement que cette séparation se fera quelque jour et qu'enfin ils obtiendront l'Eglise libre dans l'Etat libre, quand la société sera mûre pour cette scission. Mais l'idée avance à tâtons, il n'y avait que la Révolution, armée de la guillotine, qui pût rompre nettement avec le passé ; notre société, presque pacifiée, opère des réformes lentes et lentement sages.

Des personnes pessimistes doutent que l'Eglise puisse subsister sans l'appui du budget ; or, on constate déjà, de 1794 à 1801, une séparation de l'Eglise et de l'Etat qui fut heureuse et n'empêcha nullement l'exercice du culte. Durant cette époque, aucune taxe directe ou indirecte, soit à la charge de l'Etat, soit à la charge des communes, ne fut acquittée pour les frais d'aucun culte ; liberté absolue, égalité pour tous les cultes. Les édifices antérieurement consacrés aux cultes, laissés à la libre disposition des communes, placés sous la police de la Municipalité, furent affectés également à la célébration des divers cultes et aux cérémonies civiles. Néanmoins le culte catholique s'exerçait sur tout le territoire de la République. Une note du ministère des Finances de septembre 1796, constate qu'il existait 31.214 paroisses où le culte était pratiqué et 4.500 autres le réclamaient.

VII

Si d'un côté les prolétaires ecclésiastiques sont parfois partisans de la séparation de l'Eglise et de l'Etat, les curés des villes la redoutent pour cette raison surtout qu'ils ne seront plus soutenus par l'Etat et se trouveront livrés à leurs propres forces en face de l'envahissement des congrégations religieuses. En effet, les ordres religieux, notamment les dominicains et les jésuites, tous revenus en France depuis quelques années, font une concurrence terrible au clergé séculier. Dès qu'une paroisse est connue pour sa richesse, ils y fondent un établissement ouvrent une cha-

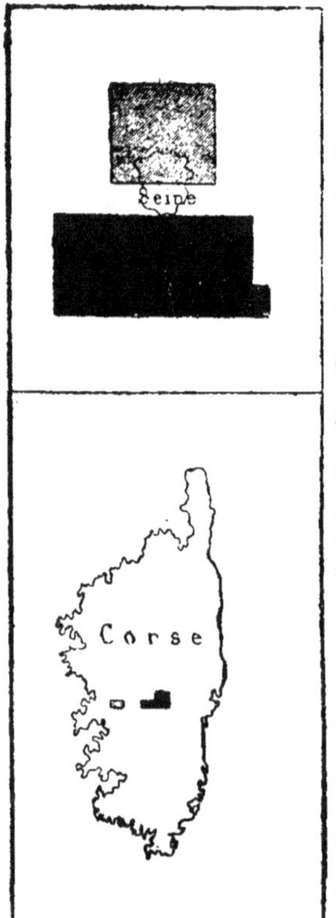

La fortune des congrégations dans le département de la la Seine et en Corse.

pelle, et attirent toutes les ouailles qui désertent alors la cure.

Le clergé séculier ne peut pas lutter avec les congrégations, dont la fortune est devenue considérable. On estime que depuis 1881 la valeur de leur propriété *bâtie* a monté de 800 millions à 2 milliards. Et des gens, qui sont peut-être bien informés, prétendent que si l'on ajoutait à cette somme la valeur des biens inconnus, le total atteindrait 10 milliards.

La carte que nous publions plus haut montre les progrès immobiliers accomplis par les congrégations, depuis 1881. Les masses en quadrillé gris indiquent la surface occupée en 1881, celle en noir opaque représente cette même surface avec l'accroissement des biens des congréganistes survenu depuis cette date.

Les ordres religieux, placés sous l'autorité du pape, sont indépendants de l'autorité épiscopale, et le clergé séculier comprend qu'il sera un jour annihilé par eux.

Cette concurrence acharnée offre assez de piquant mais elle nous montre un danger national : non seulement les sous de la France, se détournant du commerce et de l'industrie, vont à Rome ou servent à développer les industries des congrégations

qui ont avili la main-d'œuvre et ruineront les
entreprises laïques, mais encore l'Eglise galli-
cane est menacée de sombrer dans les mains des
religieux ultramontains et cosmopolites. Les prêtres doivent être et sont Français, l'obligation au
service militaire les a présentés au drapeau ; des
lois les tiennent un peu dans l'observation de certains devoirs ; les ordres religieux échappent à
tout contrôle et leur recrutement s'opère dans
l'univers entier, sans distinction de patrie. Ainsi
des éléments étrangers viennent régir des consciences françaises, et les ploient à une discipline
qui trône à Rome.

Afin d'éclaircir le débat, de lui donner comme
base des documents venus du milieu des intéressés
eux-mêmes, nous avons adressé un questionnaire
aux plus marquants parmi les prêtres de France.
Tous n'ont pas répondu à notre appel respec-
tueux et bienveillant ; mais, dans la série des
réponses, quand même très nombreuses, que de
matériaux édifiants et dignes d'attirer l'attention
de nos législateurs et de tous les amis sincères de
la religion ! Si la plupart de ces renseignements,
contrôlés et vérifiés par nous, ont trouvé leur
place dans l'exposé de la situation matérielle des
prêtres, nous ne pouvons pas nous empêcher de

citer *in extenso* quelques passages empruntés à à notre volumineuse correspondance. Commençons par la lettre où un prêtre de l'Est, très respecté dans son diocèse, parle des sentiments français :

Monsieur,

Je suis Français, curé et républicain. Pendant l'année terrible, j'ai fait mon devoir de citoyen et je suis encore prêt à le faire le jour où il plaira au peuple de France de marcher à la conquête de notre chère Alsace et de notre Lorraine bien-aimée. Je suis curé, mais je ne suis pas clérical ; c'est-à-dire que je me considère comme étant au service de Dieu et non au service de tous ceux qui, portant un froc, essaient d'agiter notre pays. Il y a en France deux clergés bien différents, l'un tout français, le clergé séculier, l'autre ultramontain, les congrégations, obéissant aux ordres de Rome qui ne sont pas souvent ceux du Saint-Père. Ces étrangers nous font le plus grand tort, à nous autres, prêtres français, qui supportons les conséquences de leurs intrigues. Les congrégations représentent une force anonyme, occulte, aussi dangereuse pour la France que pour le bon renom et l'avenir du catholicisme français. Les manœuvres des congrégations ont fait naître l'esprit anticlérical dont nous sommes les premières victimes. Et quand le gouvernement est agacé par l'agitation religieuse venue de l'étranger et alimentée chez nous surtout par des étrangers, c'est contre nous qu'il prend des mesures de rigueur.

Le public confond aussi dans la même haine dite anticléricale le clergé séculier et les congrégations. Il faut donc bien établir que non seulement ces deux éléments n'ont rien de commun entre eux, mais encore que la défense de leurs propres intérêts les met en antagonisme l'un contre l'autre. Nous, prêtres français, nous avons besoin de nous défendre et d'être défendus contre les étrangers venus des quatre coins du monde, jésuites et autres qui, avant de nous absorber, ont commencé par nous ruiner.

12.

Leur fortune de millions et de milliards ne leur suffisant plus, ils s'abattent sur nos pauvres paroisses, s'emparent des âmes pieuses et dirigent du côté des congrégations les dons qui quelquefois, malgré leur modestie, auraient pu épargner à nos prêtres la situation humiliante des gens mourants de faim et forcés de chercher auprès des pauvres leurs moyens de vivre.

C'est encore à tort qu'on a accusé l'Église d'être opposée à tout progrès scientifique et social : nous connaissons les devoirs nouveaux que nous impose un siècle nouveau ; nous sommes persuadés que notre rôle ici-bas, à nous autres, pauvres prêtres, est un rôle de pacificateurs. Nous devons apprendre aux hommes à se connaître, à s'entr'aider, à s'aimer, nous sommes chargés de répandre les paroles de consolation écrites dans l'Évangile. Et pour cela, nous n'avons pas besoin de journeaux assomptionnistes ou jésuites, la chaire nous suffit ; et de notre chaire il ne tombe jamais une parole politique.

Savants, très savants, les congréganistes s'efforcent de maintenir l'ignorance autour d'eux.

Dans les congrégations, on sent un besoin d'autorité qui doit, pour triompher, s'appuyer sur l'ignorance. La plupart des religieux forment une caste qui ne désarme pas ; comme aux temps des anciens empires d'Asie, ils voudraient voir les États composés des deux castes, religieuse et militaire, la religieuse dominant l'autre, s'en servant pour assurer sa puissance sur une plèbe peureuse et sur un souverain domestiqué.

Au contraire, les prêtres tendent à se fondre dans la nation ; d'ailleurs leur vie, qui est individuelle, les rapproche plus des citoyens, doués également d'une personnalité, que des religieux habitués à l'existence en collectivité.

Nous sommes des hommes, des citoyens ; les religieux représentent des masses se mouvant sous l'action d'une discipline. Nous sommes aussi des fonctionnaires, et à ce titre, la République devrait bien s'occuper un peu de nous.

Ailleurs, un prêtre de Paris, très apprécié dans nos milieux littéraires, nous donne une page malicieuse sur l'antinomie nécessaire qui existerait entre le clergé séculaire et les congrégations :

> Qui sait, nous écrit-il, si nous ne verrons pas dans quelques années, ce spectacle extraordinaire : les radicaux farouches et anticléricaux tendant les mains au clergé séculier de France pour combattre leurs ennemis communs, les congrégations qui nous prennent notre bien-être à nous, le respect de la France qui était bien aussi à nous et nous gratifient en revanche des passions et des haines qui leur appartiennent d'une façon si incontestable. Il faudrait cependant que nos républicains se pressent, avant que le clergé campagnard ne meure de misère ou qu'il ne passe au service des congrégations que quelques-uns baptiseront sans doute de « service de l'étranger »... On ne fera rien contre le catholicisme en France. Mais il dépend de nos gouvernants de le faire patriotique, républicain et humain en marchant avec le clergé français, ou d'en faire un catholicisme espagnol, en pactisant avec les congrégations obéissant à des généraux allemands ou italiens, et qui sentent la nécessité de rédiger des leçons nationalistes à l'usage de nous autres Français, de notre bonne, douce et vieille France...

Certains de nos honorables correspondants livrent à notre discrétion leurs signatures au bas des accusations graves dirigées contre ce qu'ils appellent des « intrigues » des différentes congrégations. Mais, poursuivant uniquement une œuvre d'impartialité et d'apaisement social, nous renonçons à la publication de ces documents.

VIII

Malgré sa puissance apparente, le clergé séculier,
depuis les évêques sans force contre les généraux
des ordres, jusqu'aux plus modestes curés, a besoin,
ô ironie, d'être protégé. Pour préparer cette œuvre
de défense nationale, les cléricaux et les radicaux
peuvent coaliser leurs efforts, comme l'indique du
reste la lettre d'un de nos correspondants, sans
renier les programmes qui les divisent en d'autres
circonstances. Pour ce pays où l'on parle beaucoup
trop, ce serait un fait étrange et bien touchant que
cette alliance des extrémités de l'opinion. De l'opinion ? La sottise du sectairisme emplit souvent
nos yeux et nous aveugle, et ce sont les petits qui
subissent le plus violemment le choc de nos erreurs.
Le cléricalisme et l'anticléricalisme, en une égale
maladresse, ont fait un mal égal au bas-clergé.
Aujourd'hui la soutane disparaît derrière l'intérêt
du pays. Il s'agit de soustraire notre clergé
et les âmes religieuses à l'envahissement tumul-
tueux du cosmopolitisme néfaste des congrégations.

Séduisants, beaux parleurs, souples, instruits, plus instruits que les prêtres, car ils ont plus de loisirs, les religieux ont capturé dans leurs lacs, par centaines de mille, les brebis blanches et inconséquentes échappées des cures. La France, fille aînée de l'Eglise, fille riche, est bonne à prendre.

Les prêtres qui ne sont pas des prolétaires n'osent donc pas souhaiter la délivrance par la séparation de l'Eglise et de l'Etat avant que des lois n'aient garanti leur existence et sauvé leurs droits. Les desservants et les prêtres pauvres se savent à l'abri des convoitises congréganistes.

Les prolétaires du clergé seront d'autant plus attachés à la République qu'elle leur aura assuré le vivre et l'indépendance morale. Sortis du peuple, ils ont des instincts démocratiques et ne demandent qu'à les conserver.

Dans les villages, le curé instruit, allié à l'instituteur, est capable de rendre de grands services au progrès moderne, en façonnant l'éducation morale et agricole du paysan. Or ces deux hommes, l'instituteur et le curé, dont l'œuvre devrait être collatérale, sont souvent des antagonistes acharnés. Aux villages religieux, où un casuel abondant procure à l'ecclésiastique une situation enviable, l'instituteur le jalouse. Au contraire, sur les territoires indifférents ou anticléricaux, le desservant, trop pauvre, en veut à l'instituteur de la supériorité de sa situation. A ces raisons personnelles s'ajoute la division des opinions politiques, non des leurs propres, mais de celles qui poussent la population à l'intransigeance. C'est ainsi que, loin des villes, l'œuvre du Progrès est encore arrêtée.

Les villages où la religion jouit de quelque prestige sont nombreux ; c'est dans ceux-là que le desservant est susceptible de faire la meilleure besogne. Là, il est plus influent que l'instituteur ; d'ailleurs, il comprend mieux le paysan et sait facilement se mettre à sa portée. Dans ces pays, la messe, avec son décor de mysticisme, attire plus le paysan que le discours prononcé à la mairie ou dans la grande salle de l'auberge. Cette influence de la messe se voit dans le nombre des mariages religieux, nombre écrasant par rapport à celui des mariages civils. Il suffirait donc d'un mince effort politique pour sceller l'alliance définitive du gouvernement avec les prolétaires du clergé, enfin détachés de l'arbitraire épiscopal. Ce serait préparer l'œuvre de pacification et d'unification morales, de plus en plus urgentes pour notre pays.

CHAPITRE IV

Le Prolétariat Artistique

I

La statistique prouve que les artistes de tous les siècles sont rarement nés fortunés. La majorité est issue de la classe moyenne et, surtout, de la classe pauvre de la société. La conquête du pain quotidien a presque toujours été, pour eux, une préoccupation capitale. Parmi ceux dont l'étoile et la persévérance ont vaincu la mauvaise fortune, beaucoup nous ont laissé des confessions, des mémoires ; ils nous initient à des luttes effrayantes contre la misère et contre la faim ; on les lit avec l'angoisse qui s'attache aux romans douloureux. Jules Dupré, au début de sa carrière, vendait pour 15 francs des devants de cheminée qu'il avait peints ; Théodore Rousseau bazardait ses toiles à vil prix, pour s'acheter du tabac. Quant à Géricault, sa misère était telle qu'il n'avait pas les moyens, parfois, de s'acheter des toiles. Un jour, il eut l'idée de gratter son fameux « Cuirassier blessé » pour repeindre un autre tableau ; mais il n'eut pas le courage de consommer le sacrifice et céda son œuvre, contre une toile blanche, au fils du marchand de tableaux Jamart. Tous ceux-là ne sont pas encore trop à plaindre. Ils ont combattu, ils ont souffert, c'est vrai ; mais, en fin de compte, ils ont triomphé, et la justice humaine n'a pas été partiale pour eux.

Sait-on le nombre d'artistes de talent, d'hommes de génie même, qui malgré toute leur foi, toute leur ardeur, n'ont pu venir à bout de la fortune adverse ? Millet, père de huit enfants, dut trimer toute sa vie, comme un malheureux, pour leur assurer une maigre pitance quotidienne, et mourut pauvre. L'existence de Tassaert, un des plus grands artistes du siècle, peut-être, fut plus lamentable encore. Une fois, à bout de ressources, tout déguenillé, il se présenta, une toile sous le bras, chez Jeanron, directeur des musées nationaux. Jeanron, qui ne le connaissait pas, lui dit, sans même regarder son œuvre, qu'il n'avait aucun crédit disponible pour acheter des tableaux. — « Mais, dit Tassaert, je ne vous demande pas d'acheter cela ; procurez-moi seulement du travail. » — « Et que savez-vous faire ? » Tassaert montra la toile qu'il avait apportée : « Ah non ! dit Jeanron, je reconnais là le métier de Tassaert. — Je suis Tassaert. » Jeanron procura à grand peine une commande de 2.000 francs à l'artiste malheureux. Mais la misère s'acharna après lui. Sa vieillesse fut lamentable ; il essaya d'en adoucir les souffrances par l'ivresse. A 74 ans il se suicida. On vendit son mobilier pour payer son cercueil : la vente produisit 38 francs. Plus près de nous encore, Turquan, le grand sculpteur, l'auteur de l'admirable groupe : « *l'Aveugle et le Paralytique* », mourut dans le dénuement le plus complet, et la Société des Artistes Français dut prendre son enterrement à sa charge. Combien d'autres, qui n'ont même pas eu, comme Millet, comme Tassaert, comme Turquan, la gloire de laisser un nom et une œuvre, ont monté toute leur vie, par dévotion pour l'art, un douloureux calvaire ! La bohème, la lugubre bohème a fait bien des victimes dans le siècle. Chez Murger, parée de loques et de morgue gouailleuse, elle symbolise le rire et la gaîté : dans la vie elle personnifie les larmes et la misère. Il ne faut pas traiter dédaigneusement de « rapins » les pauvres diables, qui, le long des quais, près de l'école des Beaux-Arts, exhibent des chapeaux rapés, des vestes graisseuses et des pantalons de gros velours : les chapeaux s'usent par un usage trop prolongé, le travaille graisse les vestes et les pantalons de velours supportent, mieux que les pantalons de drap, les longues stations assises devant un cheva-let. Les « rapins » par snobisme sont plutôt rares. La majorité aime si peu sa défroque qu'elle l'échange, dès qu'elle le peut, contre un chapeau propre, une veste neuve et un pantalon à la mode.

II

Actuellement, nos écoles des Beaux-Arts consti-tuent nos pépinières d'artistes. Les écoles françai-ses enseignent plusieurs milliers d'élèves. La plus importante est celle de Paris. Les plus grands peintres y dirigent l'éducation artistique. Ne discutons pas ici la valeur de leur enseignement ; notons, seulement, qu'elle est très attaquée. Il n'en est pas moins vrai que les écoles de province envoient leurs meilleurs sujets à Paris, persuadées qu'ils y trouveront un complément d'instruction indispensable. La majorité de nos futurs grands artistes est très pauvre, et leur ville natale leur attribue, assez souvent, une pension pour faciliter leurs débuts ; malheureusement les municipalités sont rarement riches, et les sommes dont elles disposent ne sont presque jamais suffisantes pour empêcher un jeune homme de mourir de faim. Le plus souvent, elles lui accordent 800, quelquefois 1000, presque jamais 1.200 francs. Aussi la situation matérielle de bien des jeunes artistes est très misérable. Leurs journées sont occupées par les études à l'atelier et les concours, et ils n'ont guère le temps d'exécuter une besogne matérielle qui puisse leur fournir le pain quotidien. La situation des peintres et des sculpteurs est encore plus précaire que celle des architectes. Les architectes disposent d'une ressource que n'ont pas leurs camarades des arts plastiques : ils peuvent s'employer chez leurs « patrons » qui ont des maisons à construire, établir des plans de détail, surveiller même des constructions et gagner leur vie en apprenant le côté pratique de leur métier : certains d'entre eux se font ainsi 12 ou 15 francs par jour. Les élèves peintres équilibrent parfois leur budget en peignant des enseignes pour les marchands de vin et les déménageurs. Ce sont eux qui font les

13.

« Chien qui fume », les rangées impeccables de fagots et les voitures de déménagement capitonnées, dont la caisse brille d'un jaune éclatant.

L'Ecole, elle-même, offre une ressource qui s'associe intimement aux études : les prix. Les prix sont constitués par des dons ou des legs, dûs, la plupart du temps, à la générosité d'anciens élèves de l'Ecole. La fondation de plusieurs d'entre eux ne date pas d'aujourd'hui. Le comte de Caylus, le plus célèbre amateur du XVIIIe siècle, créa un prix de « Tête d'expression » d'une valeur de 100 francs et le pastelliste La Tour établit, à la même époque, un prix de « Torse » de 500 francs : tous deux sont encore décernés. Presque tous les prix sont distribués à la suite de concours. La fondation Chenavard, seule, réserve une certaine somme pour « venir en aide aux élèves peintres, sculpteurs, architectes, graveurs, admis à l'école proprement dite, pauvres, et qui se sont rendus, par leur travail, les plus dignes de cet encouragement ». Cette somme n'est pas nécessairement la même tous les ans. Elle est fixée par le conseil supérieur de l'Ecole d'après le nombre des demandes et l'avis des maîtres.

Quelques prix, distribués annuellement, atteignent des sommes relativement importantes : les deux fondations Jouvain d'Attainville, par exemple. L'une est destinée à la peinture historique, l'autre au paysage : elles se montent à 2.000 francs chacune. L'ensemble des prix décernés chaque année constitue un total de 18.180 francs, non compris les fondations Chenavard et les prix de Rome. Sur cette somme, 7,662 francs appartiennent aux peintres et aux sculpteurs et 10,518 francs aux architectes. Cette disproportion ne doit pas étonner : le nombre des architectes est beaucoup plus considérable que celui des peintres et des sculpteurs réunis.

Les concours Chenavard sont communs aux peintres, sculpteurs, architectes et graveurs. Ils fournissent les prix les plus importants de l'Ecole. Il faut être pauvre pour y avoir droit. Leur taux n'est pas fixe. Leur nombre et leur valeur varient selon le nombre et la valeur des œuvres soumises au jury. Tout élève admis à concourir touche, en tous cas, une somme de 1.500 francs, destinée à l'achat des fournitures nécessaires à l'exécution de son œuvre.

Quant au prix de Rome, il est, pour les jeunes artistes le présage certain d'une carrière heureuse. Non seulement il assure à ses titulaires l'existence matérielle pour quatre ans, mais encore il protège toute leur vie artistique. L'Etat ne laisse pas ses prix de Rome mourir de faim : aux architectes il donne des places fixes ; aux peintres et aux sculpteurs il commande des tableaux et des statues.

Malgré ces concours, malgré ces prix, tous les élèves de l'école des Beaux-Arts n'ont pas de quoi vivre : il y en a, et des plus méritants, qui meurent de faim. Cela tient au nombre trop considérable de jeunes artistes qui encombrent le pavé de Paris. L'Etat est responsable de la croissance inquiétante de leur nombre. L'enseignement artistique et artistico-industriel qu'il donne, tant à Paris que dans les départements est institué sur des bases déplorables. On lui confie des enfants, fils d'ouvriers, de contre-maîtres et d'industriels laborieux, avec mission d'en faire des ouvriers d'art et il en est incapable. Il n'a aucune école, même celles qui portent le nom d'Ecoles d'art industriel, dont le programme réponde à ce but. L'enseignement de l'art industriel, réorganisé par un décret de 1879, est lamentable en France. Au lieu d'apprendre aux jeunes gens le métier auquel ils se destinent, de les exercer, par exemple, au dessin d'ornement sur soie à Lyon, à la peinture sur émail à Limoges, l'Etat leur enseigne les arts plastiques dont ils n'ont que faire. Leurs maîtres font luire à leurs yeux une ambition supérieure à leur condition, ce qui serait excellent si elle n'était aussi, presque toujours, supérieure à leur mérite. Ils leur parlent du prix de Rome comme s'ils devaient l'obtenir sûrement, du Salon comme d'un Paradis, et ils prônent à leurs yeux la gloire d'un Raphaël, au détriment de celle d'un Cellini. Ils les dévoient et ils les déclassent : au lieu de former de bons ouvriers, ils créent des artistes manqués.

III

A la sortie de l'École, l'avenir est donc bien incertain, sauf pour la petite phalange qui possède une fortune personnelle et pour les prix de Rome. Comment la plupart des jeunes artistes vont-ils gagner leur vie, comment vont-ils satisfaire à la fois ces deux antithèses : l'idéal et l'estomac ? La protection du « patron », du professeur de l'école, en sauve quelques-uns... Ils ont su gagner la faveur du maître, faire remarquer leur talent : ils se font « pousser » ; leur avenir est assuré. Mais ils sont bien rares ceux qui profitent de cette aubaine. Presque tous se trouvent, après plusieurs années d'étude, possesseurs d'un talent estimable, mais incapables d'en faire la preuve parce qu'ils ne parviennent pas à placer les paysages et les tableaux de genre qu'ils ont peints. La porte qui s'ouvre le moins difficilement devant eux est celle du Salon ; cependant les luttes pour la forcer sont souvent dures. Le talent n'y suffit pas, il faut l'assaisonner de savoir-faire et de rouerie. D'ailleurs, le Salon n'est, pour beaucoup, qu'une impasse dont ils ne peuvent sortir : leurs œuvres s'y noient dans l'océan des toiles environnantes, sans un regard de pitié, sans une appréciation réconfortante. Pour se faire remarquer il faut avoir des amis dans la presse, ou bien, comme quelques-uns, aller trouver un personnage connu et lui demander la faveur de faire gratuitement son portrait. C'est une flatterie à la vanité humaine qui porte presque toujours, et dont l'auteur et l'objet profitent l'un et l'autre. Les petites expositions dans les galeries privées sont également des lancements excellents pour les jeunes artistes, à condition qu'ils sachent habilement créer autour d'elles des mouvements de sympathie et des courants de snobisme.

Malheureusement la timidité, la maladresse, ou, il faut bien le dire, le manque de talent, privent la majorité de ces moyens de parvenir, et, l'obscurité, c'est le plus souvent la misère pour l'artiste.

Les pauvres diables que le pinceau, l'ébauchoir ou le compas ne nourrissent pas ont une ressource, très précaire et très passagère d'ailleurs : ils peuvent concourir pour les prix de l'académie des Beaux-Arts. L'Académie, comme l'École, est chargée par un certain nombre de légataires d'instituer des concours et de distribuer des prix. Mais les sommes dont elle dispose sont bien minimes et le nombre de ceux qui peuvent se rafraîchir à cette pluie d'or bien restreint. Quelques-uns, à bout d'expédients, s'expatrient. Ils ont pleine confiance dans leur valeur et ils espèrent que les étrangers, plus connaisseurs que les Français, les tireront de l'ombre où ils végètent. Illusions vite envolées ! L'Angleterre a bien fait la réputation du Français Legros, mais c'est un des rares exemples que l'on puisse citer. C'est aux peintres élégants et chers, aux artistes à la mode et aux membres de l'Institut que l'Angleterre, l'Amérique ou la Russie réservent leurs faveurs.

Il y a, à l'Hôtel Drouot, une petite salle, basse et d'un abord peu engageant, occupée, presque tous les jours, par la vente des tableaux au « numéro ». C'est un asile ouvert par la société à la misère des peintres. Voici comment s'y pratique le commerce des « œuvres d'art ». On appelle « numéro », dans l'argot des peintres, le format d'une toile. On ne dit pas, par exemple, une toile de o m. 55 sur o m. 46, mais une toile de 10, ni une toile de o m. 73 sur o m. 60, mais une toile de 20. Eh bien ! dans la vente au numéro, c'est ce format seul qui sert de base au prix de vente ; une toile de 5 coûte cinq francs, une toile de 10, dix francs, etc., y compris le cadre, un beau cadre doré. Les peintres n'opèrent pas ces ventes directement ; ils confient leurs toiles à des intermédiaires qui les exploitent honteusement. Ces commerçants ne leur donnent souvent que 2 fr. 50 ou 3 francs pour une toile de 10 ; ils l'entourent d'un cadre de 1 fr. 50 environ et la revendent dix francs ; leur bénéfice est, par conséquent, de 100 0/0.

Comment les malheureux peintres, réduits à cette industrie précaire, parviennent-ils à livrer, pour une somme aussi dérisoire, une toile, si mauvaise soit-elle, et comment peuvent-ils en fournir assez pour gagner leur vie ? C'est la toile qui leur revient le plus cher de tout le tableau ; ils la payent en moyenne 1 fr. 25. Pour les couleurs, l'essence, le siccatif, ils dépensent o fr. 50 environ : le tableau qu'ils vendent trois francs, leur coûte donc 1 fr. 75, non compris les frais généraux, pinceaux, chevalet, etc., qu'on peut évaluer à 0 fr. 25. Ils gagnent, par conséquent, 1 franc par toile de 10. Il leur est impossible d'en brosser plus de quatre en une journée ; encore doivent-ils, pour atteindre ce nombre, en peindre deux à la fois. Ce moyen de travailler est fréquemment employé. Il consiste à placer deux toiles blanches en même temps sur le chevalet et à poser sur l'une et l'autre la couleur dont est chargé le pinceau, sans avoir à le nettoyer ou à préparer une autre teinte. La justesse des tons doit évidemment se ressentir du procédé ; mais cette considération est bien secondaire quand la faim tiraille l'estomac.

Avec ces quatre francs, au maximum, par jour, le pauvre peintre est contraint de mener une existence lamentable. Il habite à Montmartre ou à Montparnasse, au cinquième d'un hôtel meublé, dans un petit cabinet qu'il paye 15 ou 20 francs par mois. Il mange dans un des petits débits de la rue de Nevers ou de la rue Dauphine qui servent des menus monotones à la misère des artistes pauvres. Pain, 0 fr. 15 ; bifteck, 0 fr. 40 ; saucisse, 0 fr. 15 ; gruyère, 0 fr. 15 ; demi-bouteille, 0 fr. 50 ; café, 0 fr. 30, voilà le menu et le tarif de l'un d'eux. Rarement l'addition y dépasse 12 ou 14 sous.

14

On cite des artistes contemporains, exposant au Salon, jouissant d'une honorable réputation artistique, qui emploient tout leur temps à la confection de petits tableaux à cinq ou dix francs. Bien entendu ils ne les signent pas de leur nom, mais ils ne manquent pas, cependant, d'y inscrire un pseudonyme, car, de nos jours, même à ce degré de l'art, une signature quelconque au bas d'une toile suffit à en augmenter le prix aux yeux de l'acheteur naïf. L'exemple de ces artistes prouve que même une petite notoriété ne donne pas toujours du pain, et que, avant de courir après la gloire, il vaut mieux se mettre en quête d'une denrée plus comestible.

La valeur de toutes les toiles qui viennent échouer à la vente au « numéro » de l'Hôtel Drouot n'est naturellement pas identique. Sans doute la majorité ne vaut pas même les dix francs qu'elle coûte, mais il y en a quelques-unes qui mériteraient un meilleur sort. Présentées dans d'autres conditions, dans un milieu plus favorable, elles seraient appréciées par les experts à leur juste valeur et pourraient monter à 2 ou 300 francs. Que les artistes qui les ont peintes se consolent ! De grands peintres subissent l'humiliation d'être méconnus aussi bien qu'eux. Il n'y a pas longtemps qu'un marchand de bric à brac se présentait chez un expert très connu et lui offrait un superbe pastel de Degas : « Combien ? demanda l'expert. — Trois mille francs, répondit le marchand. L'expert les donna aussitôt. — Allons, dit son vendeur, je n'ai pas perdu ma journée ; je viens d'acheter ce pastel 35 francs à l'Hôtel Drouot ; il a passé complètement inaperçu. »

Quelques peintres essayent de se passer du concours des commerçants qui les exploitent et de vendre eux-mêmes dix ou quinze francs les toiles qu'un intermédiaire ne leur paierait que deux ou trois francs. Ils renoncent presque tous à ces tentatives. Ils perdent leur temps à colporter leurs œuvres et ne connaissent pas les mots qu'on emploie pour allécher le client. Monticelli, pourtant, le peintre marseillais qui fut un des triomphateurs de la Centennale, ne voulut jamais d'intermédiaire. Il peignait chaque jour deux ou trois petits tableaux, et, le soir venu, il plantait un clou dans le châssis, prenait par là les toiles encore fraîches et parcourait les cafés de la Cannebière en les offrant pour dix, ou même pour cinq francs. Depuis sa mort on a payé quelques-unes de ses œuvres 6.000 francs et plus.

Renoncer à la chimère du grand art, prendre

bravement son parti de la situation que vous fait la destinée, c'est encore le meilleur moyen de gagner honorablement et régulièrement sa vie dans prolétariat artistique, mais il faut, pours'y résoudre, beaucoup de courage et une grande résignation. Ceux qui possèdent ces deux qualités sont sauvés. Ils consentent à travailller pour l'art industriel et ils y trouvent une voix plus praticable. Elle ne les conduit pas souvent à la richessse, mais elle leur assure, presque toujours, le pain quotidien.

Ils exécutent pour des fabricants des modèles de meubles, de bijoux ou de lustres, des dessins pour étoffes, émaux et papiers peints, ou bien ils fournissent à des éditeurs des illustrations pour publications populaires, à des marchands d'imagerie religieuse les chemins de croix qui illustrent, hélas! la rue St-Sulpice, ou bien encore ils s'engagent chez un décorateur de théâtre. Quelques-uns, plus courageux encore, ne répugnent pas à exécuter eux-mêmes les modè les qu'ils conçoivent. Ils prennent un métier, et finissent presque tous par s'y intéresser passionnément. Tout le monde y gagne ; eux d'abord, qui assurent ainsi leur vie matérielle, l'art industriel ensuite dont les modèles sortent rapidement de l'ancienne banalité.

D'année en année, d'ailleurs le sacrifice d'amour-propre qu'il faut consentir pour passer du rang d'artiste à celui d'ouvrier d'art est moins sensible. Dans peu de temps, personne ne considérera plus ce changement comme une déchéance. C'est à l'initiative très noble de quelques vrais artistes que nous devrons la disparition du préjugé méprisant qui accablait les industries d'art. Ils détruisent la barrière stupide qu'on a élevée entre les arts majeurs et les arts mineurs; ils proclament chaque jour cette bonne doctrine : tout ce qui est beau est artistique.

IV

D'aucuns ont parcouru une longue carrière de misère, traversée, de loin en loin, par de maigres succès, par des commandes de hasard. A chaque alerte ils ont repris un nouvel espoir, bien vite déçu, hélas ! et, la vieillesse venue, ils se trouvent pauvres comme à vingt ans, avec des regrets en plus et des illusions en moins. Parfois, ils sont contraints de faire appel à la générosité des confrères « arrivés ». Rendons justice à ceux là ; ils ne manquent jamais au devoir de la solidarité et de la camaraderie. Combien de ventes, combien

de tombolas, ont-ils organisé dans ces dernières
années en faveur d'un de leurs amis malheureux !
Non contents de donner leurs œuvres en lots, ils
placent eux-mêmes les billets, et, discrètement,
en payent un certain nombre ; bref ils font l'impossible pour procurer aux confrères déshérités au
moins une vieillesse calme après une vie troublée.

Mais la charité se lasse, même lorsque des toiles de maîtres la récompensent, et les tombolas
ne suffisent pas à secourir toutes les infortunes ;
aussi a-t-on compris, depuis longtemps déjà, qu'il
fallait trouver des moyens moins précaires de venir
en aide aux artistes pauvres.

L'État tout d'abord, s'y est efforcé. Il réserve une
parcelle du budget des Beaux-Arts, 110.000 fr., à
soulager les plus malheureux. Les inspecteurs des
Beaux-Arts sont chargés de distribuer ces fonds ; ils
s'y emploient avec toute l'équité et toute la délicatesse possibles, mais ils n'ont pas le pouvoir de multiplier l'or et leurs mains sont bientôt vides. Il est
vrai que l'État trouve d'autres moyens, détournés
ceux là, pour venir en aide aux artistes nécessiteux. Les prix du Salon, les bourses de voyage
sont, souvent, des secours délicats accordés à des
hommes de mérite, plutôt qu'à des œuvres de valeur. Les achats de l'Etat et de la Ville aux Salons

annuels complètent les largesses officielles. L'art ne justifie pas toujours ces acquisitions. L'Etat serait parfois embarrassé de ses emplettes, si les musées de province ne leur ouvraient pas leurs portes avec reconnaissance, et la Ville ne saurait qu'en faire, si elle n'avait pas à décorer les bureaux de nombreux employés et fonctionnaires.

L'association Taylor est évidemment la ressource la plus stable des artistes pauvres. Elle rend déjà de très grands services et elle en rendra certainement de plus grands encore dans l'avenir. C'est une association de secours mutuels. Elle a plus d'un demi-siècle d'existence. Elle doit son nom à son fondateur, le baron Taylor, le philanthrope dont la mémoire est également vénérée par les artistes dramatiques et les instituteurs. C'est le 7 décembre 1884 qu'elle fut fondée. Au début elle comptait 18 membres ; ses adhérents sont aujourd'hui près de 7.000. Tous les artistes connus, un grand nombre d'amateurs d'art, tous les peintres, sculpteurs, architectes, graveurs, dessinateurs, qui craignent d'avoir un jour à solliciter son aide, et tous ceux qui ont au cœur un peu de pitié pour les camarades malchanceux en font partie. Elle est établie sur le principe admirable de la solidarité que le baron Taylor a défini et commenté en ces termes : « Il faut secourir avant d'être secouru ; c'est à ce prix que le secours honore et celui qui le reçoit et ceux qui le donnent ». Le capital initial fut de 710 francs ; il atteint, actuellement, près de 5 millions inaliénables, et il est encore insuffisant. Plus de 2 millions 1/2 ont été distribués depuis la fondation ; il faudrait peut-être cette somme tous les ans. Aux termes de ses statuts, l'Association doit fournir des pensions de retraite à tous ses membres ayant soixante ans d'âge et trente ans d'inscription ; elle a mission également de distribuer des pensions temporaires et des secours mensuels aux membres dont la situation ou l'âge réclament son assistance et le Comité a le pouvoir d'accorder des secours temporaires à des veuves ou enfants d'artistes qui, n'ayant pas fait partie de l'Association, ont rendu des services à l'art et se trouvent dans une situation précaire. Aucune de ces trois missions n'est encore réalisée complètement. Les sociétaires de plus de soixante ans ne touchent pas tous leur pension ; d'autres qui auraient besoin de secours temporaires ne peuvent être soulagés, et, si Mlle Quoyéser, fille de Prud'hon, a vu ses derniers jours assurés par les bienfaits de l'Association, il est plus de 1.000 femmes et enfants d'artistes qu'on est contraint, faute de fonds, de laisser mourir dans la plus lamentable misère.

La Société des Artistes Français a suivi l'exemple de l'Association Taylor et a institué une caisse de secours mutuels ; mais sa jeunesse a empêché, jusqu'à présent, son effort d'être bien efficace. Il le deviendra peut-être bientôt, si les dissensions actuelles ne provoquent pas de scission dans la société, et, par suite, de morcellement dans les fonds. Cette caisse de secours possède un budget spécial, alimenté, chaque année, par une retenue de 5 p. 100 sur tous les bénéfices et augmenté du produit intégral du vernissage. Quelques dons et legs viennent s'y ajouter : c'est ainsi qu'en 1891, M. Bailly, président du sous-comité chargé de son administration, lui laissait une somme de 40.000 francs. En 1891, le capital s'élevait à 253.688 francs, fournissant un revenu de 7.800 fr. Les dépenses se répartissaient ainsi : deux lits à la maison de retraite des frères Galignani : soit 1.000 francs ; 8 pensions de secours de 300 francs : soit 2.400 francs ; 500 francs étaient affectés aux sociétaires incurables, et il y avait un reliquat de 3.900 francs. En 1896, le capital atteignait 597.019 francs. Le revenu, 20.200 francs environ, permettait de distribuer 86 pensions de retraite de 300 francs.

Depuis longtemps la Société des Artistes Français rêve d'établir une maison de retraite uniquement destinée aux artistes vieux et pauvres. Les fonds lui ont longtemps manqué pour réaliser son projet. Elle les possède maintenant. L'année dernière, M. Decaix, en mourant, lui légua sa fortune, à charge d'en distraire 400.000 francs qui seraient versés à l'Assistance publique, avec mission de construire, à l'hospice La Rochefoucault, un pavillon réservé aux artistes âgés ou infirmes. Mais les difficultés administratives ne sont pas encore résolues et le pavillon n'est pas encore construit.

V

On le voit, par cette étude, la triste situation du prolétariat artistique n'a laissé insensibles ni les corporations confraternelles, ni les pouvoirs publics, mais les ressources dont les unes et les autres disposent ne suffisent pas à donner du pain à tous ceux qui viennent en demander.

Il reste toute une partie du prolétariat dont nous n'avons pas encore parlé, celle qui ne sollicite aucun secours. Elle est composée de timides qui n'osent pas avouer leur détresse, d'orgueilleux qui croiraient mendier en réclamant l'aide de leurs pairs, de paresseux qui, n'ayant jamais rien produit de sérieux, comprennent qu'ils n'ont droit à rien et de quelques bohêmes qui préfèrent leur gueuserie et leur liberté à tous les bonheurs du monde. Quelles ressources ont ceux là qui vivent en marge, non seulement de l'aristocratie, mais encore du prolétariat des arts ? Ils ont recours, de loin en loin, à des métiers de fortune qui soulagent, pour un temps, leur misère trop lourde. Quelques-uns s'emploient chez des restaurateurs de tableaux. Cette profession ne serait pas à dédaigner si les commerçants qui l'exploitent ne spéculaient pas sur la misère des artistes qu'ils emploient. Ils exigent d'eux un travail très délicat, très minutieux, et il les paient mal. D'autres se mettent au service de marchands de tableaux et acceptent, poussés par la nécessité, des besognes assez louches. D'abord ils les exécutent innocemment. Un marchand leur dit, par exemple : « Faites moi donc une esquisse dans le genre de X. » et il ajoute : « C'est pour un amateur qui aime cette manière ». Ils brossent l'esquisse, et, quelque temps après, passant par la rue Laffite, ils voient avec stupeur, à la devanture d'un marchand de tableaux, leur esquisse « dans le genre de X » exposée sous la signature X, après avoir été

convenablement vieillie et encadrée. Ils n'osent
rien dire. A quoi cela leur servirait-il ? A perdre
leur unique gagne-pain, tout au plus. Ils consentent au sacrilège qu'on leur a fait commettre. Ils
en commettent d'autres, et sciemment, cette fois.
Ils vont au Louvre, copient un Boucher ou un La
Tour, modifiant seulement la couleur des cheveux,
le teint de la peau et livrent une mauvaise reproduction à l'homme qui les emploie. Celui-ci s'inquiète fort peu de la valeur de leur travail. Il a
des procédés pour lui donner du prix. Il le signe
La Tour ou Boucher, le vernit à force, le cra-
quelle, le noircit, l'affuble d'un vieux cadre, revêt
le tout d'une couche de crasse... et le tour est joué.
L'amateur, qui n'est presque jamais connaisseur,
l'expert, qui est trop souvent ignorant, s'y laissent
généralement prendre. Dans les ventes, ces faux
atteignent parfois des prix considérables. Quelquefois aussi un hasard les dévoile : un peintre vivant
aperçoit chez un marchand une toile signée de son
nom et qu'il ne reconnait pas; des descendants
perspicaces voient porter à l'actif d'un de leurs
parents des œuvres qui ne rappellent que de fort
loin sa manière. Des procès sont engagés, mais on
retrouve rarement le premier vendeur. Quand on
le découvre, on le condamne de façon à lui ôter

l'envie de recommencer. On ne poursuit jamais l'artiste comme complice ; il serait impossible de relever contre lui le moindre chef d'accusation. Devant la loi il est innocent, puisqu'il n'a pas signé ses copies que rien ne prouve qu'il connaissait l'usage qu'en faisait le marchand.

En Amérique, le commerce marron de faux tableaux français se pratique sur une grande échelle et nuit surtout à notre grande école de paysagistes de 1830. Des marchands newyorkais font parfois le voyage de Paris uniquement pour acheter et rapporter dans leur pays des cargaisons de Daubigny, de Diaz, de Corot, de Rousseau. Bien entendu, tout est faux ; mais a beau mentir qui vient de loin. Ils feignent d'avoir découvert des occasions uniques et revendent avec de beaux bénéfices, mais à des prix dérisoires encore, des toiles dont la signature seule vaudrait, authentique, plusieurs milliers de francs. Ce sont ces marchands qui pourvoient aux acquisitions des galeries de tableaux comme on en voit encore en Amérique. Les grands noms s'y pressent et l'ensemble a bien coûté 10.000 francs ; le prix, il est vrai, est encore bien supérieur à la valeur. Ce commerce, qui procure du pain à quelques peintres indigents, n'aurait pas d'inconvénients, s'il

ne nuisait pas à la renommée de grands artistes.
Quelle opinion doit-on avoir, par exemple, de
Théodore Rousseau en Amérique? Comme sa
manière est assez facile à imiter, les faux Rousseau abondent. Il n'est pas possible d'établir la
statistique de la production colossale qu'on lui
attribue, mais il est certain qu'elle représente le
labeur de deux ou trois vies humaines bien remplies. On frémit en songeant à l'opinion que les
Américains intelligents doivent se faire de notre
goût s'ils croient que nous trouvons belles toutes
les toiles qu'on offre à leur admiration. La majorité, il est vrai, admire de confiance, sans comprendre, parce qu'on lui dit que c'est beau ; mais,
comme elle se forme une conception de la beauté
d'après ces impressions, il est à craindre que le
commerce de faux tableaux ne ravale considéra-
blement l'idéal artistique de plusieurs générations.

Quelques « artistes », si l'on peut encore
accorder ce nom à ceux dont nous allons nous
occuper, exercent des métiers plus étranges encore.
Aux terrasses des cafés dans les grandes villes,
aux foires dans les bourgades, ils vous offrent de
faire votre portrait au fusain, moyennant quelques
sous. Ce sont, la plupart du temps, des dessinateurs de talent moyen qui eussent fait, aussi bien

que d'autres, de bons ouvriers d'art, de médiocres illustrateurs, si la misère, le vice ou la fainéantise ne les avaient pas perdus. Ils sont plus nombreux qu'on ne le croit. Pendant l'Exposition, plusieurs d'entre eux avaient installé leur « atelier » place de la Concorde, c'est-à-dire qu'ils y avaient posé leur chevalet en plein vent, et ouvert leur boîte à fusain. Ils n'ont pas chômé et la saison n'a pas dû être mauvaise pour eux. La province se laissait facilement allécher par leur boniment. La nuit venue, on voyait encore des dames, en chapeaux à larges fleurs, poser gravement, de profil, au clair de la lune, pendant que l' « artiste », entouré d'une foule de curieux, travaillait à la lueur de deux méchantes lampes fumeuses.

Dans les villes d'eaux, on trouve quelques sculpteurs qui exercent le même métier. Ils montent sur les promenades, près des établissements thermaux, des petites baraques démontables dont le maigre mobilier se compose d'un lit replié dans un coin, d'un baquet à glaise et d'une ou deux selles. A leur devanture, ils exposent généralement, pour attirer le client, le buste du président de la République en exercice et le médaillon de quelques célébrités du jour. Leurs affaires sont presque toujours moins prospères que celles de leurs confrères dessinateurs, peut-être parce qu'une mauvaise sculpture est plus difficile à rendre acceptable qu'un mauvais dessin, peut-être aussi parce qu'elle coûte un peu plus cher.

VI

Ces dessinateurs et ces sculpteurs ambulants occupent le dernier degré de l'échelle artistique. Au-dessous d'eux, il n'y a plus que la foule des êtres sans profession, et, la plupart du temps, sans aveu, qui vivent de mendicité, d'expédients, de rapines et qui n'ont le droit de se réclamer d'aucune classe sociale. Quelques-uns, au moment de tomber dans ces bas-fonds de la société, jettent un coup d'œil en arrière. L'image de leur vie perdue leur apparaît, le souvenir de leurs espoirs déçus les obsède, le remords de leurs fautes et de leur responsabilité les étreint, une dernière révolte les raidit ; ils préfèrent la mort à l'existence qui les attend au milieu des parias de la société : ils se brûlent la cervelle, ou bien ils font dans la Seine un plongeon qui les sauve d'eux-mêmes.

L'heure suprême doit être plus douloureuse pour un artiste que pour tout autre. Ce qui domine en lui, c'est le sens de la vie matérielle, c'est l'amour de la ligne, de la forme, de la couleur, du soleil, de l'air ; et la mort signifie pour lui l'adieu éternel à toutes ces merveilles qui l'ont réjoui sans compter, le long de sa vie de misère. Plaignons l'artiste qui se tue plus que le penseur en détresse, plus que l'amoureux désespéré, plus que l'ouvrier sans ressources ; presque toujours il a été plus malheureux.

CHAPITRE V

Le Prolétariat dans l'Armée en France

Il y a quelques mois Paris offrait aux promeneurs un spectacle nouveau. Des cordons de troupe protégeaient des chantiers déserts, des ouvriers en grève s'assemblaient sur les places par groupes et, chaque matin, quelques régiments mobilisés arrivaient des garnisons de province.

Le droit à la grève est une de nos plus précieuses libertés publiques, les prétentions des ouvriers étaient sans doute fondées, puisque l'opinion les a soutenues avec énergie et efficacité, et nous nous garderons de les blâmer.

Cependant une considération s'imposait... Les moins favorisés des grévistes touchaient un salaire quotidien de 5 francs ; la plupart faisaient des journées de 7, 8, 10 francs ; beaucoup atteignaient 12 et 15 francs. Or, n'auraient-ils pas trouvé parmi les hautains officiers, chargés de prévenir le désordre, des frères de misère, des besogneux, des prolétaires, en un mot, d'autant plus à plaindre que leur souffrance est plus cachée et contrainte d'emprunter un masque de fierté et de résignation ?

Qui s'apitoierait sur le sort de l'officier ? N'est-il pas censé riche, de même que le Français est censé ne pas ignorer la loi ? L'officier n'est-il pas le héros de roman devant qui l'existence sème les plaisirs en même temps que les honneurs ? Est-ce un miséreux le fringant cavalier que se disputent les salons de province et pour qui le monde n'a que des sourires ? Hélas ! oui. Beaucoup d'entre ceux qui semblaient vous regarder d'un œil dur regrettaient peut-être, ô mercenaires récalcitrants, de ne pas pouvoir, comme vous, crier leur pauvreté et la détresse de leur famille.

On sait que l'officier est peu rétribué... Le chiffre de la solde nous prouvera plus loin qu'il gagne, effectivement, moins que l'ouvrier et que sa situation est beaucoup plus pénible.

Les officiers ne sont pas les seuls prolétaires de

l'armée. Les sous-officiers méritent aussi notre pitié… Nous signalons ici le mal : à d'autres appartient d'y porter remède.

I

Quelques-uns prétendent, à la vérité, que la pauvreté est une vertu militaire nécessaire au bon soldat.

« Le soldat qui cesse d'être pauvre, a écrit le général Trochu, est renfermé dans la redoutable alternative de donner au désordre où il se démoralise l'argent qu'il a reçu et qui ne lui est pas nécessaire puisque l'Etat pourvoit *libéralement !* à tous ses besoins ; ou de former s'il est, par impossible, calculateur et prévoyant ce pécule qui s'accroit avec le temps en lui promettant un certain bien-être ultérieur, préoccupation qui ne tarde pas à l'envahir tout entier et en fait un soldat conservateur, je veux dire conservateur de sa personne au milieu des épreuves et des dangers de la guerre ».

Nous croyons que bien peu de personnes seraient aujourd'hui de l'avis du général Trochu. Cette « prévoyance libérale » de l'Etat semble ici une dérision, et puis, si le soldat peut à la rigueur supporter la pauvreté dans un esprit d'abnégation patriotique, il ne lui est pas interdit de se créer une famille et de la faire jouir d'une honnête aisance.

Dans toutes les professions les salaires ont suivi une ascension en rapport avec les besoins de vie de plus en plus coûteuse, le salaire des officiers, ou la solde, est resté presque immuable.

Ils ne sont pas électeurs, ils ne forment pas de syndicats, ils ne se plaignent pas, ils sont fiers ; le législateur peut-il se douter qu'ils souffrent ?

Détruisons d'abord un préjugé. On croit généralement que la plupart des officiers ont de la fortune. La solde représenterait leurs frais de cigares et de café. Nous avons interrogé une certaine quantité d'officiers de toutes les armes et voici ce qu'ils nous ont dit : « Il est faux, archifaux que la majorité des officiers aient de la fortune, sauf, peut-être ? dans la cavalerie : le contraire est vrai ».

En effet, l'école de Saint-Cyr, surtout depuis la loi de 1889 sur le recrutement, promet une position plus immédiate que dans les autres carrières libérales : on est officier à vingt ans... ; on n'est guère avocat, médecin ou professeur avant vingt-trois ou vingt-cinq ans, après de très coûteuses études et il faut encore attendre quelques années avant de se suffire.

Et malgré la pauvreté inavouée de la plupart, le temps est passé où les officiers pouvaient faire parade de leur misère : « Notre armée, disait déjà le général Trochu en 1867, a vu disparaître ses anciennes habitudes de simplicité militaire et de pauvreté, cédant dans une mesure toujours croissante aux besoins de bien-être, de confort et de luxe qui ont prévalu dans le pays. Je ne pense pas qu'il nous soit donné de revoir jamais le temps où un officier d'infanterie partant pour rejoindre l'armée recevait une très petite solde en argent, une très grosse part en assignats sans valeur avec deux paires de souliers ».

L'amour du confort et du luxe se sont, en effet, introduits dans l'armée comme dans les autres classes de la société et l'officier qui ne peut le satisfaire est, selon l'expression de Bismarck, dans « un état de misère brillante ».

S'il était vrai que notre apitoiement soit superflu, que les convenances exigent de l'officier une certaine fortune personnelle, nous ne renoncerions pas pour cela à notre campagne. Car les grades ne doivent pas être le monopole des riches, l'armée doit se démocratiser comme les autres institutions, et il serait déplorable que l'on tînt compte, pour l'avancement, des faveurs du sort ou de la naissance.

Nous ne demandons pas l'exclusion du commandement pour les nobles ou pour les fils de la riche bourgeoisie, mais nous voulons les rappeler au respect de l'égalité.

Certains pensent que la pauvreté est bonne pour le soldat dont la vie doit être faite d'abnégation et de dévouement. Sa meilleure récompense c'est l'honneur, la considération, le respect. C'est une opinion noble et vénérable. Hélas ! nous vivons dans une époque où la considération ne va pas au mérite en haillons, et justement pour avoir droit au respect, l'officier ne peut se soustraire à un minimum d'extériorité, à des frais de représentation et si, obéissant à ce scrupule, il fait mine d'accepter bravement sa situation, c'est parce qu'il porte en lui des traditions d'un autre âge.

Oui, nous ajoutons que le silence des intéressés sur cette question primordiale a souvent pour cause le respect excessif de traditions surannées. L'armée s'est démocratisée dans sa masse, tandis que les cadres ont conservé l'esprit de caste des armées de la monarchie.

On n'achète plus les grades et le roturier peut

devenir général de division ; il n'en est pas moins vrai que l'officier pauvre se sent déplacé dans un milieu où un grand nom et le prestige de la fortune sont tenus en aussi haute considération. Avouer son mal ne serait-ce pas s'exposer au mépris de ses pairs et compromettre l'honneur commun ? Aussi, tandis que depuis un siècle les salaires, dans toutes les professions, ont augmenté dans des proportions vertigineuses, en même temps du reste que les exigences de la vie matérielle, la solde de nos officiers est demeurée presque identique à celle des officiers de Louis XV.

II

A quoi attribuer cette fixité déraisonnable sinon à la passive résignation des serviteurs du drapeau que, par ironie sans doute, on a désignés sous le nom de soldats de fortune ?

Et pourtant sous l'ancien régime la vie militaire était loin d'être facile aux cadets sans patrimoine et aux officiers subalternes de médiocre extraction.

« Sous Louis XIII des capitaines extorquaient de l'argent à leurs soldats en les faisant mettre en prison sous différents prétextes. Ils faisaient même enfermer des fils de famille et menaçant, de les faire condamner comme déserteurs, ils en tiraient des rançons. » Ces vilenies (1) ne sauraient entacher les conditions d'honneur de la famille militaire, mais nous devons les signaler parce qu'elles dénotent le malaise qui obnubilait la conscience d'officiers criminels. En 1748, le comte de Brabançon écrivait dans ses *Mémoires* : « L'état de médiocrité de l'officier le porte quelquefois à des injustices envers le soldat, en matière d'intérêt. »

La moralité de l'époque était plus complaisante que de nos jours à l'égard de ces infamies et nous voyons les chefs les plus illustres ne pas craindre de manquer à leur dignité en adressant de plates sollicitations au roi pour remédier à l'insuffisance de leur condition. Vauban ne perd aucune occasion d'arrondir son patrimoine et il écrit à Chamillart : « Les gens de bien qui se font un point d'honneur de ne pas mêler le bien d'autrui avec le leur, sont ordinairement bas percés et à plaindre, si le roi n'y remédie. » Et ce grand homme n'est pas impitoyable pour les défaillances des chefs pressés par le besoin, car, dit-il, « la nécessité fait beaucoup de fripons qui, sans cela, seraient de fort honnêtes gens. »

(1) Babeau. *La Vie Militaire sous l'Ancien régime.*

Les défaillances que nous signalent les auteurs qui ont étudié d'un peu près la question était loin d'être isolées. Certaines pratiques étaient même tolérées. Qui n'a entendu parler des passe-volants ? « Il n'y a point de friponneries, écrivait le Tellier, que les chefs ne fassent pour profiter de l'argent que le roi leur donne. On porte des hommes présents (passe-volants), le capitaine touche leur solde et la garde pour lui. »

De même qu'aujourd'hui, le corps des officiers était composé de deux éléments bien distincts : les riches et les pauvres. Les premiers titulaires d'un nom illustre achetaient leur grade et l'on voyait des colonels de douze ans, guidés par des vieux officiers, les lieutenants-colonels, soldats de carrière et de mérite, qui trouvaient dans cet emploi le terme de leur ambition.

Même parmi les officiers nobles, la misère était souvent extrême. « Un des fils du comte d'Uzès est au camp avec deux chevaux seulement, l'un pour lui, l'autre pour son valet ; il n'a ni tente, ni lit, ni drap ; il couche tout habillé dans la tente d'un lieutenant ; des camarades se font un plaisir de le nourrir, car, sans eux, il serait réduit au pain de munition et à la gamelle des cavaliers. » Voilà ce que nous apprenons par l'ouvrage déjà cité « *La vie militaire sous l'Ancien régime.* »

Un coup d'œil sur quelques chiffres de la solde avant la révolution nous révèlera pourtant que cette misère atroce était moins explicable que celle de nos officiers modernes. Sous Louis XIII on avait augmenté les traitements de moitié pour enlever aux officiers tout prétexte de spéculer et de piller. Un capitaine touchait une solde annuelle de 3.600 livres et un lieutenant, de 1.200 livres. Voici sous Louis XV le traitement moyen et fixe des officiers :

Colonel....................	6.000 livres.
Major......................	5.000 —
Capitaine	3.000 —
Lieutenant................	1.500 —
Sous-lieutenant............	1.000 —

Cependant, de 1748 à 1772, la solde des capitaines fut abaissée à 1.800 livres. D'un autre côté, les officiers se dédommagèrent en 1780, où la solde de guerre s'éleva à 43.100.000 livres pour les soldats et à 46.800.000 livres pour les officiers.

Ces chiffres exigent quelques explications :

D'abord chacun sait combien l'argent a diminué de valeur ; pour avoir un élément de comparaison avec sa valeur actuelle, il faudrait tripler ces chiffres.

Un grand nombre d'officiers ayant acheté leurs grades, la solde était pour eux une sorte de revenu de leur capital. Le prix des grades variait selon l'arme et le régiment.

Au XVIIIᵉ siècle, une place de capitaine aux gardes valait 40.000 fr., celle de lieutenant 20.000, celle de sous-lieutenant 10.000, etc....

Si certains officiers souffraient de leur situation médiocre, d'autres trouvaient dans l'armée de jolis revenus, tels que l'un d'eux, qui en 1728, cumulait les emplois de mestre de camp de dragons réformé, total 3.500 livres, avec ceux de capitaine d'une compagnie franche, 1.800 livres, et de brigadier, dont il ne remplissait pas les fonctions, 6.000 livres. Ce cas était, à vrai dire, une exception.

La solde du colonel nous semble inférieure à l'importance du grade. Mais il faut se souvenir que les régiments étaient donnés ou vendus à des officiers portant les plus grands noms de France et les mieux en cour et, par conséquent, possesseurs d'opulentes fortunes.

En revanche, la solde du capitaine est numériquement à peu près égale à la solde actuelle.

N'y a-t-il pas là une étrange anomalie ? Un

traitement de 3.000 fr. représente-t-il la valeur de 3.000 livres sous Louis XV ? Les fonctions du capitaine sont des plus importantes dans la hiérarchie... On reste longtemps dans ce grade, beaucoup ne vont pas plus loin... C'est généralement dans ce grade que l'on se marie, que l'on assume les charges de la famille ; en somme, on peut dire qu'il devrait être la clef de voûte dans le tarif de la solde ; eh bien ! malgré le relèvement de la solde récemment voté, un capitaine de la République française est proportionnellement trois fois moins payé qu'un capitaine sous Louis XV !

Les carnets de comptes sont de précieux documents.

Voici, d'après l'un d'eux, le budget d'un capitaine d'infanterie en 1768, époque où la solde avait été sensiblement abaissée.

La solde est alors de 1.300 francs par an.

Le prix des denrées ayant haussé, un capitaine ne saurait trouver une auberge à moins de :

50 livres par mois	600	livres
1 paire de souliers à 5 livres par mois	60	—
Blanchissage, 6 livres	72	—
Perruquier, poudre et pommade . .	72	—

Chauffage et chandelle . . . . .   80 livres
Pour faire son lit, nettoyer sa chambre
et décrotter ses souliers, 6 livres .   <u>72 —</u>

TOTAL .   .   .   .   956 livres

Si l'on ajoute ce qui est nécessaire pour son habillement, perruques, etc..., tabac, frais de route et de comédie, repas donnés aux inspecteurs et aux officiers généraux qui passent et s'arrêtent dans les garnisons, il ne peut économiser l'écu pour se faire soigner en cas de maladie, ni payer un domestique, ni se procurer un équipage pour entrer en campagne (1).

Ah! si un capitaine sans fortune voulait aujourd'hui nous montrer son carnet de comptes, quels prodiges d'ingéniosité nous découvririons pour l'équilibre de son maigre budget et aussi quelles souffrances inavouées!

Voici un autre bilan qui n'est pas sans saveur.

C'est celui de Bonaparte, alors lieutenant en second au régiment de La Fère.

Le futur empereur touche 800 francs de solde, plus 120 francs d'indemnité de logement, plus

____

(1) Observations par de Saint-Aulat, 1768. *Archives de la Guerre*.

200 francs comme ancien élève boursier de l'école, soit 1.120 francs, et voici comment il répartit ses dépenses :

Chambre	8 livres 8 sols par mois	
Pension à l'Hôtel des Trois-Pigeons. . .	36 —	
Retenues mensuelles et réceptions. . . .	15 —	
Habillement, entretien, café militaire et abonnement au cabinet littéraire de Maurel .	30 —	
TOTAL . .	88 livres 8 sols par mois	
Reste 42 livres.	ou 1078 livres par an.	

Ces chiffres peuvent servir de point de départ, pour évaluer le prix des besoins de première nécessité, comparativement avec leur taux actuel. Pour mettre à l'abri de la misère leurs derniers jours les officiers du XVIIIe siècle avaient créé le *concordat*, sorte de caisse d'assurances. Un capitaine pouvait par ce moyen se retirer avec une vingtaine de mille francs (1).

(1) *L'Antilégionnaire français* ou le Conservateur des Constitutions de l'Infanterie. Vesel. par un ancien et très zélé officier (d'Anthuile). 1762.

Pendant que les officiers d'infanterie étaient très souvent dans une situation précaire, les officiers de cavalerie affectaient un luxe de dépenses excessif ; un capitaine de cavalerie, pour faire figure convenable, devait posséder au moins 6 chevaux et 3 valets.

Tous ces détails rétrospectifs, sur lesquels nous pourrions nous étendre encore, confirment notre assertion : à savoir que la caste des officiers a conservé l'esprit de l'ancienne armée.

De nos jours encore, à l'*Ecole de Saint-Cyr*, le plus ou moins de fortune décide un candidat à choisir la cavalerie ou l'infanterie ; de nos jours encore, la cavalerie se fait un point d'honneur de recruter ses cadres parmi les jeunes gens riches et ceux-ci se piquent d'éblouir de leur faste leurs camarades des troupes à pied : n'est-ce pas là une survivance de l'esprit antidémocratique ?

Bien plus, le relevé des chiffres de l'ancienne solde suffit à prouver que si les officiers sont aujourd'hui dans une situation inférieure au regard des artisans et des travailleurs de toutes les professions, c'est que, par faux point d'honneur, ils n'ont pu ou voulu élever leurs prétentions en proportion des exigences croissantes de la vie moderne.

A peu de chose près, la solde est la même qu'au siècle dernier ; en tout cas elle est restée en dehors du mouvement ascensionnel des salaires.

III

Tout d'abord, rappelons quel est, depuis la loi d'unification des soldes, le tarif actuel des soldes d'activité des officiers et assimilés :

	Par an	Par mois	Par jour
Général de division .	18.900	1.575	52 50
Général de brigade . .	12.600	1.050	35 »
Colonel	8.136	573	22 60
Lieutenant-colonel . .	6.588	540	18 30
Chef de bataillon ou d'escadron, officier d'administration principal, garde d'artillerie, contrôleur d'armes	5.508	459	15 30
Capitaine après 12 ans de grade	4.140	345	11 50
Capitaine après 8 ans de grade	3.700	315	10 50

Capitaine après 5 ans de grade	3.420	285	9 50
Capitaine avant 5 ans de grade	3.060	255	8 50
Lieutenant de 1ʳᵉ classe, chef de musique, après 10 ans de grade . .	2.700	225	7 50
Lieutenant de 2ᵉ classe.	2.520	210	7 »
Sous-lieutenant . . .	2.340	195	6 50

Depuis la loi votée cette année sur le rapport de M. Raiberti, ce tableau doit être ainsi modifié pour la solde des capitaines :

Avant 5 ans de grade	3.500	»
Après 5 ans de grade	4.000	»
Après 8 ans de grade	4.500	»
Après 12 ans de grade	5.000	»

Nous n'avons guère recueilli de doléances en ce qui concerne la solde des grades supérieurs, jusqu'à celui de commandant exclusivement. Il convient toutefois d'observer que, si les traitements des généraux peuvent sembler séduisants, ils sont bien maigres si nous les comparons, non seulement aux revenus des trésoriers payeurs généraux et de tant d'autres fonctionnaires, mais même aux ressources d'un industriel, d'un négociant ou d'un avocat, maîtres d'une entreprise, d'une maison ou d'un cabinet suffisamment achalandés. En outre pour ces deux grades, les frais de représentation sont considérables.

Il en va de même pour le grade de colonel, insuffisamment rétribué à notre avis.

Le colonel cède le pas au préfet ; mais peut-on citer beaucoup de chefs de bureau des grandes administrations, émargeant annuellement pour 10 à 12.000 francs, qui aient à remplir une journée aussi laborieuse que celle d'un chef de régiment et à assumer autant de responsabilités ?

Le colonel est le plus important personnage d'une sous-préfecture ; il est tenu à des devoirs de coûteuse hospitalité... S'il a de la famille, des filles à marier, sa solde, fortement entamée par des charges inéluctables, est loin de rémunérer sa situation de brillant apparat.

Un industriel qui aimait l'armée demandait un jour à un chef de bataillon quelle était la solde de son grade. — Quinze francs trente par jour, répondit celui-ci. — Mais, s'écria l'industriel, c'est ce que je donne à mes contre-maîtres !

C'est, en effet, à cet échelon de la hiérarchie que la disproportion entre le prestige du grade et sa rétribution éclate de saisissante manière. Un commandant a les appointements d'un bon ouvrier, et cependant ses galons, il ne les obtient qu'à l'âge mûr, à l'âge où le commerçant prévoyant entrevoit déjà le moment souhaité de *se retirer des affaires* ; en outre, pour le plus grand nombre des officiers, le grade de chef de bataillon ou d'escadron est le terme de toute ambition, le but que l'on ne dépassera pas, trop heureux encore si l'on peut y parvenir avant l'heure fatale de la retraite !

Pour le capitaine, la solde avant la loi de 1901 était tout simplement une misère. Elle s'élevait, selon la classe, de 8 fr. 50 par jour à 11 fr. 50. Il est inutile d'insister sur les difficultés quotidiennes qui assaillaient les braves pères de familles, dont c'était là toute la ressource... Quel ouvrier, même après les avantages qui viennent de leur être accordés, oserait envier leur sort ?

Certes, les lieutenants et les sous-lieutenants pourraient se plaindre à juste titre avec leurs 2.700, 2.520 ou 2340 francs de solde annuelle. Leur situation pécuniaire équivaut à celle d'un médiocre expéditionnaire ou d'un maître-répétiteur de lycée, avec des charges inconnues à ceux-ci et l'interdiction d'augmenter leurs ressources par un travail accessoire.

Or, dans une ville de province, un sous-lieutenant ne peut guère réduire ses dépenses, au-delà des chiffres ci-dessous :

Pension y compris les extra . . 85 francs.
Logement et ameublement . . 35 —
Café et théâtre . . . . . . 30 —
Entretien des effets . . . . 25 —
Ordonnance, blanchissage, éclai-
    rage, chauffage . . . . . 15 —
Menus frais, cotisation. achat de
    livres . . . . 10 —

            TOTAL. . . 200 fr. par mois.

Et le sous-lieutenant en touche 198 !

IV

Cependant le lieutenant et le sous-lieutenant peuvent à la rigueur être considérés comme des stagiaires ; la plupart sont garçons et ils n'ont pas dépassé l'âge heureux où l'on supporte avec insouciance les privations...

Il n'en est pas de même des capitaines qui sont les plus à plaindre dans un état plus rétribué en honneur qu'en argent.

Une comparaison avec quelques chiffres empruntés à la solde des armées étrangères nous permet de constater l'infériorité où se trouvent nos officiers, au point de vue du traitement.

Dans l'armée allemande, les officiers au dessus du grade de capitaine, ont une solde bien supérieure à celle des officiers français.

Les déménagements, qui font toujours, pour une cause ou pour une autre, la terreur des officiers des autres pays, sont très facilement acceptés en Allemagne et cela se comprend du reste. Chaque officier appelé à changer de résidence touche en Allemagne une indemnité qui couvre largement non seulement les frais de son déplacement à lui, mais encore de celui de toute sa famille et même de son ordonnance.

Dans le même ordre d'idées, la loi allemande prescrit formellement que tout officier quittant le régiment ou la garnison n'a à payer que le loyer du trimestre en cours, que cet officier ait signé un bail ou non (1).

La solde allemande comprend cinq éléments :

1º La solde proprement dite *(Gehalt)* ;

2º Le service, divisé en 5 classes ;

____

(1) *L'Officier Allemand, son rôle dans la nation.* par un officier d'infanterie.

3º Une indemnité supplémentaire de logement comprenant 6 classes *(Wohnungsgeldzuschuss)* ;

4º Les frais d'écurie *(Stallgeld)* ;

5º Des indemnités de fonctions *(Zulagen)* en certains cas.

L'indemnité de logement est particulièrement conçue dans un esprit très judicieux. Les garnisons allemandes sont divisées en 6 classes, selon la cherté de la vie, et cette indemnité est proportionnelle aux besoins. Il n'y a en France que les garnisons de Paris et de Lyon qui bénéficient d'une semblable indemnité.

Voici pour aider à la comparaison, le tarif global de la solde dans l'armée allemande :

Général de division	37.940 francs.
Général de brigade	20.985 —
Colonel.	11.520 —
Officier supérieur. . . .	6.975 —
Capitaine de 1ʳᵉ classe . . .	5.100 —
Capitaine de 2ᵉ classe . . .	3.375 —
Lieutenant	1.755 —
2ᵉ Lieutenant	1.305 —

N'oublions pas que les officiers allemands sont *presque toujours* recrutés parmi les classes riches et qu'ils jouissent en outre de certains avantages. Ils vivent entre eux dans les casinos qui ne paient ni droits de douanes, ni octroi. Les ménages eux-mêmes peuvent y prendre leurs boissons.

Les officiers français ont aussi certains bénéfices que nous verrons plus loin et dont il faut tenir compte, mais ils sont bien insuffisants.

Ajoutons que la solde en Allemagne est payée d'avance et que les veuves reçoivent un mois de solde gracieuse *(Gnadengehalt)*.

Voici dans les autres pays la solde annuelle des capitaines :

Belgique.	3.800 francs.
Danemark	5.000 —
Espagne.	3.600 —
Hollande	5.000 —
Italie.	3.200 —
Russie	5.000 —
Suisse	6.000 —

L'Autriche a voté pour ce grade une augmentation de 300 fr. depuis le 1er janvier 1886, l'Espagne une de 480 francs depuis le 1er septembre 1886 et la Russie une de 750 francs depuis le 26 février 1887.

Si la solde du capitaine est inférieure en Espagne et en Italie, il ne faut pas oublier que la vie est bien meilleur marché dans ces pays.

Nous passons sous silence l'Angleterre, qui paie si royalement ses officiers, ce que ceux-ci ne regardent pas comme une marque de déconsidération.

Nous avons parlé des avantages matériels, qui rehaussent, dans une certaine façon, la solde réelle des officiers français.

D'abord, la modicité du prix des repas...

Les *mess* sont soumis à une sorte d'adjudication dont le concessionnaire est loin de tirer un profit direct...

Ceci est appréciable.

Ensuite, la domesticité est fournie presque gratuitement par l'ordonnance. On a beaucoup critiqué l'institution des ordonnances et ces braves gens ont dès longtemps prêté matière aux caricaturistes... Ils offrent à la vérité un argument aux adversaires du service de trois ans qui ne conçoivent pas par quel privilège ces soldats en savent assez au bout de six mois pour passer le reste de leur congé dans les douceurs d'une domesticité peu laborieuse. Autre considération, plus grave celle-là. Est-ce respecter un citoyen que de le transformer en valet et parfois en bonne d'enfant ? On songe à proposer la suppression des ordonnances. Il faudrait, pour le faire, donner à l'officier une compensation fort onéreuse pour le budget. Dans l'état actuel des choses, les ordonnances permettent à l'officier une grande économie dont on doit tenir compte dans l'évaluation de ses ressources...

V

Une question plus délicate encore était celle de la dot réglementaire. On sait que les futures épouses d'officier devaient justifier d'un apport total, représentant un revenu minimum, nominatif et non viager de 1.200 francs (1).

Il n'y avait d'exception que pour les officiers ayant une solde supérieure à 5.000 francs.

M. le général André a compris tout ce que cette prescription avait de contraire à l'esprit démocratique; il l'a abrogée.

En fait, comme le mariage de l'officier est soumis au consentement préalable de l'autorité militaire, on peut avancer sans témérité, que la fortune de la future épouse continuera, comme auparavant, à être prise en considération.

Nous savons que l'on tient beaucoup dans

(1) Instruction ministérielle du 17 décembre 1843.

l'armée à cette mesure et qu'elle y rencontre peu de détracteurs.

En tous cas la mesure prise par le général André sera inefficace tant qu'il sera interdit à la femme de l'officier d'exercer une profession honorable.

Ou bien l'officier fait un brillant mariage, et alors il sort de la catégorie dont nous nous occupons. Et pourtant, bien souvent avec un revenu de 10 à 20 mille francs il est condamné par les exigences de sa femme et de son train de maison, à rester dans cet « état de misère brillante » dont parlait Bismarck.

Souvent l'officier reste garçon et prend en dégoût une carrière qui ne lui a pas permis de connaître les douceurs du foyer.

Mais supposons qu'il rencontre la jeune fille aimée, dont les parents, en se saignant beaucoup, peuvent fournir une dot à peu près convenable ; sa situation pécuniaire est-elle améliorée ?

Nous avons reçu, certes, les confidences d'un brave homme de capitaine qui se disait très heûreux d'avoir pris une femme qui lui avait apporté, non pas cent mille francs, mais une trentaine de mille francs... « Au moins celle-là est une ménagère, nous disait-il, elle ne rougit pas de raccommoder mes chaussettes. »

Mais à côté de ce capitaine heureux, combien de doléances !

« Pour le capitaine, écrit M. des Moulins, le budget du nouveau ménage est de 400 francs par mois avec interdiction d'augmenter les revenus par n'importe quel travail ; les réglements empêchent le mari de remplir toute fonction en dehors de son métier et l'usage impose la même obligation à sa femme. Dans les premiers temps on ne sent pas la gêne ; les besoins sont peu nombreux et surtout, on se suffit l'un à l'autre. Le mari est fier de la jeunesse de l'épousée : l'épousée est orgueilleuse de la tenue du mari. Mais les enfants arrivent, apportant les exigences et les soucis en même temps que la joie. Les années passent, les charges augmentent, et cependant la solde reste la même. Uu jour vient où les 400 francs ne peuvent plus suffire. On commence par écorner la dot. Plus tard on la mange tout entière. *Il le faut* (1).

Il est bien difficile de ne pas se ranger à l'opinion pessimiste de M. des Moulins.

Oh ! les obscures et héroïques misères que trahissent trop souvent la robe fanée contrastant péniblement à côté du brillant uniforme, un

____

(1) *L'Officier*, par M. des Moulins.

chapeau trop porté, des gants usés par le teinturier et aussi les cancans des fournisseurs dont jase la malignité des petites villes de province !

Que d'officiers s'abstiennent de tabac et de tout plaisir, par raison d'économie ! Quel ouvrier consentirait à accepter cette vie de perpétuelles privations et de résignations stoïques !

Nous avons connu quelque part un capitaine qui repassait lui-même le linge de sa famille.

N'insistons pas sur ce douloureux sujet et laissons à ceux qui en ont le pouvoir et le devoir, le soin d'aller vers ces pauvres honteux et de crier au pays la misère que la fierté leur fait taire.

L'Etat fait bien quelque chose pour les enfants d'officiers sans fortune... Il leur octroie des bourses au Prytanée de la Flèche et dans les maisons d'éducation de la Légion d'Honneur. Seulement les maisons d'éducation de la Légion d'Honneur ne reçoivent jamais, à titre gratuit, qu'une seule enfant de Légionnaire, quel que soit le nombre de ses filles...

Et puis de quel droit imposer au père et à la mère le chagrin de la séparation et à l'enfant les tristesses de l'internat ?

Ne faut-il pas aussi prévoir le cas où l'enfant

est souffreteux ou trop débile pour se passer des soins maternels?

Quand nous aurons ajouté les soins gratuits du médecin, nous serons bien près d'avoir épuisé tout ce qui peut entrer en ligne de compte dans les avantages accessoires à la solde.

Nous en oublions un. Lorsqu'il change de garnison, tandis que l'officier allemand touche une indemnité de 1.300 francs pour 700 kilomètres, l'officier français, pour la même distance touche une indemnité de 60 francs! Quelques déménagements de cette sorte, (et l'on sait qu'ils sont fréquents surtout dans les 3ᵉ et 4ᵉ corps) et c'est la ruine pour la famille!

VI

Sans chercher à pousser au noir notre tableau, nous pourrions évoquer l'avenir de l'officier pauvre et celui de sa famille, après toute une vie de privations : la maigre retraite (200 francs par mois en moyenne pour un capitaine), la vie à recommencer s'il a des charges, l'emploi plus ou moins lucratif nécessaire pour retrouver l'équivalent de l'ancien budget et la profonde détresse des veuves (1.100 francs par an pour la veuve d'un capitaine)

A quoi bon ! Le malaise du prolétariat militaire est évident ; l'ouvrier, s'il nous lit, ne sera pas tenté de jeter un regard d'envie sur les éblouissants galons, et la famille militaire continuera son œuvre avec superbe en imposant tacitement aux siens la déplorable maxime : « *Malheur aux pauvres !* »

L'avouerons-nous ? La situation des sous-officiers que nous faisons aussi rentrer dans la catégorie des prolétaires de l'armée, nous paraît moins digne de pitié que celle des officiers pauvres. Les sous-officiers touchent, c'est vrai, un salaire ridicule, mais on peut dire qu'ils supportent quelques années de sacrifices dans l'espérance d'obtenir un emploi civil, une petite retraite... Leur situation n'est pas le terme de leurs désirs, c'est une épreuve... On reste sous-officier cinq ans, dix ans, quinze ans : rarement davantage. Et, puis, il faut bien reconnaître que beaucoup d'entre ces jeunes gens préfèrent leur pénible médiocrité aux aléas de la vie civile ; beaucoup ont peur de l'effort, de la lutte pour le pain quotidien. Ceux-là sont des prolétaires peu intéressants... Nous nous apitoierons cependant sur le sort des adjudants mariés, pères de famille, avec un gain de 5 francs par jour ! Il faut pourtant constituer et conserver un cadre de vieux sous-officiers. Nous croyons que l'Etat y parviendra du jour où il tiendra ses promesses et où tous ces modestes serviteurs seront assurés, après un laps de temps déterminé, de trouver dans les administrations civiles un emploi certain.

Ce n'est pas à nous de proposer des réformes ; on est toujours mal venu à demander de nouveaux impôts et il semble bien difficile de surcharger davantage l'écrasant budget de la guerre.

Pouvons-nous, du moins, réduire nos cadres, pour assurer un meilleur sort à nos officiers ?

A cette question nous devons avouer que la plupart des gens compétents nous ont répondu : « Non, mille fois non ! »

C'est l'opinion avouée d'un des membres les plus éminents de la Commission de l'Armée qui nous a fait cette observation :

« Songez donc quelle hécatombe d'officiers se produirait dès les premiers jours d'une guerre éventuelle ! Le patriotisme des officiers de réserve pourrait-il suppléer à l'expérience de leurs camarades défaillants ? »

Nous voyons, cependant, que l'Allemagne entretient des effectifs aussi nombreux que les nôtres *avec un quart d'officiers en moins*.

Nous livrons cette constatation à la réflexion des gens compétents. Il faut ajouter que l'Allemagne possède une grande quantité d'officiers de réserve, composée d'officiers ayant obtenu une retraite proportionelle après dix ans de service.

Il y aurait des économies à réaliser en supprimant certaines anomalies peu équitables :

Ainsi un sous-lieutenant changeant de garnison avec armes et bagages n'a droit qu'à une indemnité de 3 fr. par jour.

S'il est chargé de la révision de la carte de l'état-major, il en touche une de 10 francs.

Un officier de génie, détaché, touche une indemnité quotidienne de 5 francs; un officier de troupe avec ses hommes n'en touche aucune.

Un contrôleur de l'administration de l'armée, dont c'est la fonction de contrôler, reçoit pour cette fonction un supplément quotidien de 12 fr. 50, etc.

Nous avons recueilli un certain nombre de desiderata que nous reproduisons, parce qu'ils concordent presque tous entre eux, ce qui est l'indice du bien fondé des réclamations :

1° Il faudrait augmenter la solde pour les grades

successifs et la fixer d'une façon qui puisse correspondre le mieux à l'importance du rôle et des fonctions des officiers.

2° Solde du grade inférieur strictement suffisante, mais suffisante pour pourvoir à tous les besoins auxquels elle est destinée à satisfaire.

3° Les salaires ne devraient pas être fixés d'une façon mécanique, comme cela se pratique aujourd'hui. La vie étant la résultante de tant d'éléments compliqués, il faudrait en tenir compte dans le règlement des payements attribués aux militaires.

Mais, nous le répétons, nous n'avons pas la prétention de résoudre le problème. Que le Parlement généralise notre enquête et peut-être trouvera-t-on le moyen de remédier partiellement au malaise que nous dénonçons. Amis ou adversaires de certains chefs, car il n'y a pas à vrai dire d'adversaires de l'armée, tous les Français se trouveront d'accord, sur la nécessité d'améliorer la situation matérielle de nos officiers. Les sentiments cocardiers des uns, allant de pair avec les aspirations humanitaires et démocratiques de presque toute la nation, la tentative de diminuer les souffrances des prolétaires dans l'armée trouvera, espérons-le, un écho sympathique, même dans les cœurs de nos contribuables.

CHAPITRE VI

Le Prolétariat des Elus [1]

Ne semble-t-il pas qu'il y ait une contradiction flagrante entre les mots qui composent le titre de cet article ?

Et cette contradiction deviendrait presque une hérésie si l'on voulait garder au substan-

(1) *Chose surprenante, tandis que l'opinion de nos législateurs continue à s'émouvoir des inconvénients du système de rétribution parlementaire, le grand public reste indifférent devant ce problème important. La France se trouve vis-à-vis de ses sénateurs et députés dans la situation d'un millionnaire qui confie ses trésors à un employé insuffisamment récompensé et exposé par cela même à toutes les tentations de la misère. Les récents scandales parlementaires ont prouvé qu'on a tort*

tif élu son acceptation évangélique. Fort heureusement, pour cette fois encore, nous ne méritons ni anathèmes, ni excommunication. Si nous parlons des élus, ce n'est pas de ceux qui, au milieu des éthers invisibles, bercent un rêve éternel dans la mélodie des harpes séraphiques; nous n'avons en vue que nos députés; c'est un sujet

de badiner avec les appétits des hommes besogneux, si haut placés qu'ils soient. Sans nourrir un enthousiasme particulier pour les mérites de certains de nos législateurs, il nous paraît dangereux de conserver l'état de choses actuel, si éloquemment condamné par une série de faits qui ont porté une atteinte sérieuse à notre vie constitutionnelle.

L'augmentation de l'indemnité parlementaire dépend, d'autre part, de la diminution du nombre des députés, problème non moins capital pour le fonctionnement normal de nos institutions et la dignité du régime républicain.

Puisqu'il s'agit de questions complexes et pouvant être envisagées à des points de vue multiples, nous avons cru utile d'éclaircir par voie d'enquête ce que le raisonnement individuel aurait pu avoir de partial et d'incomplet. Nos lecteurs trouveront donc plus loin, dans des pages que les plus autorisés parmi les membres du parlement ont bien voulu écrire à leur intention, un exposé indépendant, contradictoire et approfondi de cette question. En l'examinant de près, ils acquerront la conviction qu'une réforme prompte et efficace s'impose. (Note de l'Editeur).

plus simple et à la portée de toutes les consciences.

La contradiction et l'antithèse qui se dégagent de notre titre ne tiennent point du paradoxe, car il s'agit là d'une page bien triste, empruntée à notre vie de tous les jours. Lorsque les masses électorales confient leur sort politique à un député privé de fortune personnelle, elles l'élisent à une vie de misère cachée, de misère honteuse qui lentement ronge son caractère, ses principes et son énergie.

Sans vouloir jouer sur les mots, on est en droit d'écrire qu'il existe un prolétariat des élus : un prolétariat à l'aspect double, prolétariat absolu pour certains d'entre eux, qui se trouvent dépourvus de feu et de lieu, et relatif pour d'autres, qui n'ont que des dettes et des enfants.

I

Si j'avais tant seulement des « appointements » de député ! s'écrient les paysans pour évoquer une comparaison de richesse à côté de la gêne dont ils se plaignent.

Vingt-cinq francs par jour, n'est-ce pas un mirage de Pactole !

Et sur ce pied-là, l'homme des champs naïf établit le bilan d'une petite existence qui lui paraît, tout simplement, idéale.

Sûr de l'exactitude de ses calculs économiques, il ne manque pas, quand son député passe en tournée, de lui tendre une main honnête, mais vide, si vide qu'il faut y mettre quelque chose dedans.

Les Parisiens savent ce que cela vaut : vingt-cinq francs par jour ! Pour tout le monde d'ailleurs cela ne fait que 9.000 francs par ans et 750 francs par mois, pour les députés cela ne fait plus que 735 francs, parce qu'ils ont une retenue de 15 frans pour la buvette et les chemins de fer ; un mauvais plaisant ajouterait que cette retenue leur permet de réaliser une économie en mangeant à la buvette et en dormant en wagon.

Avec ces 735 francs par mois, un député doit, pendant ses quatre ans de législature, rembourser les frais de son élection, soit environ 15,000 francs, somme qui représente un versement de 310 francs environ par mois ; avec les 425 francs qui lui reste mensuellement, il est forcé de subvenir à ses frais de correspondance et de courses, frais très importants ; il faut aussi qu'il vive de façon digne d'un législateur.

Il y a juste cinquante ans qu'on fixa le taux de l'indemnité à 25 francs par jour ; mais, depuis cinquante ans, les dépenses nécessaires à un ménage ont augmenté dans des proportions considérables.

Un vieux député républicain me disait :

— Ah ! parlez-moi de l'Empire, un député pouvait vivre à cette époque-là !

Le fait est qu'aujourd'hui un député ne commence à pouvoir vivre que lorsqu'il devient ministre : soixante mille francs par an ! Mais cela ne dure pas longtemps. Il faut qu'un soleil démocratique luise pour tout le monde ! Après la gloire des voitures tricolores, offertes par les Français à leurs ministres, le député retombe tristement à la misère des omnibus, à la débâcle des bottes éculées et crottées.

Ajoutons en outre que les neuf mille francs dont jouissent les députés ne constituent pas un *traitement*, mais une *indemnité*, et à ce titre ils sont entièrement saisissables. Il y a donc des députés dont toute l'indemnité est saisie et qui, ne possédant pas de fortune personnelle ou conjugale, se trouvent dépourvus de toute ressource, n'ont pas de domicile, couchent, peut-être pas sous les ponts, mais chez des amis et dînent au hasard des invitations. Il est inutile de les nommer, on sait qu'ils existent, et l'on peut de confiance déplorer l'étrange situation qui leur est faite par des créanciers que protège une loi inhumaine, baroque et inconvenante. Voilà bien, si je ne m'abuse, des gens placés dans la condition de prolétaires, des prolétaires en redingote, des prolétaires qui doivent paraître aimables, tendre des poignées de main à tout le monde, et accorder de petites gratifications à leurs électeurs : des sourires à Madame, des bonbons à Mademoiselle et des bocks à Monsieur.

Le premier remède qu'il convient d'appliquer à ce prolétariat des élus consiste à rendre l'indemnité parlementaire saisissable pour un cinquième seulement comme tout traitement. Par ce moyen on supprimerait le côté absolu du prolétariat parlementaire et nous ne verrions plus de députés n'avoir ni feu ni lieu.

Dans cette voie d'amélioration, M. Pourquery de Boisserin, député de Vaucluse, est allé plus loin. Il a établi une proposition de loi qui languit dans l'attente d'une discussion et qui est ainsi conçue :

..... Cette indemnité devant assurer l'indépendance du Député sans fortune, il est nécessaire de revenir au principe proclamé en 1848.

PROPOSITION DE LOI

ARTICLE UNIQUE. — L'article 97 de la loi du 15 mars 1849 est ainsi modifié : l'indemnité fixée pour les représentants est incessible et insaisissable.

Cette proposition a été soumise à la première commission d'initiative parlementaire, au nom de laquelle M. Bertrand, député de la Marne, a fait un rapport.

Les sénateurs qui ont moins de frais électoraux que les députés devraient, en réalité, jouir d'une situation plus avantageuse. Et cependant la situation morale des sénateurs pauvres est plus gênée encore que celle des députés, car la haute assemblée aime à s'entourer, comme l'Académie, comme sans doute toutes les assemblées d'hommes âgés, d'un décorum un peu pompeux, d'une respectabilité rigide.

Le Sénat, à l'instar de l'Académie Française, voudrait être un salon et certaines attitudes prud'hommesques chères à M. Homais lui paraissent d'un haut goût de dignité. Le Sénat a les dettes en horreur et lorsque les questeurs reçoivent une opposition sur l'indemnité d'un sénateur, le malheureux législateur se trouve vis-à-vis de ses collègues dans une situation des plus difficiles.

La Chambre, et par conséquent la Questure,

ont des manières plus « bon garçon », les huissiers y sont reçus avec un respect légèrement ironique et l'on n'en veut pas à un élu d'être muni d'une ou plusieurs oppositions : il faut bien que jeunesse se passe !

Par législature, c'est-à-dire dans un espace de quatre ans, on compte à la Chambre environ 60 oppositions complètes, agrippant jusqu'au dernier sou de l'indemnité.

La plus grosse opposition déposée à la Questure de la Chambre s'est produite pendant la législature de 1893-98, elle montait à une somme de 350.000 francs, et se présenta le lendemain même de l'élection du député qu'elle visait.

Il a eu du reste soin de greffer là-dessus des saisies de complaisance qui lui ont permis de sauver une partie de ses appointements au moment de leur distribution parmi les créanciers. Un homme d'affaires, dont le cabinet est situé dans le quartier de la rue de Rennes, s'est toujours distingué en ce genre d'opérations et a pu, en maintes circonstances, se montrer, grâce à son papier timbré, le bienfaiteur de nos élus. On a médaillé son zèle avec les palmes académiques : services exceptionnels dans la littérature des exploits d'huissier, sans doute !

Le Parlement a des trésors d'indulgence pour toutes ces peccadilles. Mais, à la Questure, on se tient sur ses gardes contre toutes les petites ruses auxquelles s'adonnent les gens qui ont besoin d'argent, et l'on délivre aux députés leur indemnité mensuellement et à terme échu. Les avances sont inconnues.

Il y a plusieurs années, un questeur avait fait à un député, élu depuis quinze jours, l'avance du paiement de ces quinze jours. Le seizième jour tombait à la Questure une opposition totale. Et le questeur qui, involontairement, avait frustré le créancier d'un demi-mois d'indemnité, se vit forcé de le rembourser de son propre argent. Ce fait-là ne s'est produit qu'une fois : questeur échaudé craint les avances !

La proposition Pourquery de Boisserin, si elle était acceptée, rendrait inutiles toutes ces petites cuisines financières, mais cela augmentera-t-il ou cela diminuera-t-il le crédit de nos élus ? Il appartient aux usuriers et aux agents d'affaires de répondre.

II

L'indemnité parlementaire a une histoire qui vaut la peine d'être contée.

19

Dans son Traité de droit politique électoral et parlementaire, M. Pierre, le très distingné secrétaire de la Présidence de la Chambre, écrit :

« L'indemnité attribuée aux représentants du pays a pour but d'empêcher que nul ne soit écarté de l'enceinte législative par des considérations pécuniaires.

« Les hommes les plus dévoués aux intérêts publics peuvent hésiter légitimement à quitter leurs affaires, s'ils ne sont pas assurés d'une compensation pendant l'exercice de leur mandat. »

Nos lois politiques ont donc presque toujours consacré le principe de l'indemnité. Il n'y a que pendant la période censitaire qu'il n'ait pas été reconnu.

Même sous l'ancienne monarchie, les députés aux États Généraux recevaient une indemnité de frais de séjour et de déplacement, frais qui étaient payés soit par les commettants, soit par le Trésor Royal.

En 1556 et en 1577, aux États de Blois, l'indemnité des députés s'éleva à 25 livres par jour pour les archevêques, à 9 livres pour les députés de la Noblesse et à 8 livres pour ceux du Tiers-État.

Aux États Généraux de 1614, l'indemnité

s'éleva jusqu'à 60 livres pour le cardinal de Lavalette, les maréchaux de la Force et de Bassompierre ; les archevêques et les évêques reçurent 50 livres ; les officiers généraux, les magistrats des cours souveraines, les procureurs généraux et autres 30 livres ; le trésorier général de France, secrétaire de l'Assemblée, 24 livres. La taxe des députés était recouvrée par suite d'une ordonnance du roi, rendue tantôt de son propre mouvement, tantôt sur la demande qui lui en était faite par les trois ordres avant leur séparation.

Après la réunion des Etats Généraux de 1789, un arrêté royal du 30 mai avait invité les lieutenants-généraux à préparer les pièces nécessaires pour le remboursement « des frais de voyage, séjour et retour de chacun des députés des villes et communes qui avaient composé l'Assemblée du Tiers-Etat des bailliages ou sénéchaussées ». Mais il n'était pas question de l'indemnité due aux membres des Etats Généraux. L'Assemblée nationale répara l'omission. Dans la séance du 12 août 1789, le duc de Liancourt présenta, au nom du comité des finances, un rapport qui concluait à l'établissement d'une indemnité calculée d'après les frais de voyage et de séjour. Le duc de Liancourt justifiait les conclusions de la commission en termes très nets : « Il est de toute vérité que les commettants doivent pourvoir aux besoins de leurs représentants ».

La Législative décida que ses membres toucheraient la même indemnité que les membres de la Constituante. Pendant les trois premières années de leurs travaux, ceux-ci avaient reçu également 18 livres par jour. Le 23 nivôse an III (12 janv. 1795) la Convention rendit un décret portant que l'indemnité des représentants du peuple serait portée à 36 francs par jour, à partir du 1er vendémiaire précédent. La Constitution du 5 fructidor an III décida que l'indemnité annuelle des membres du Conseil des Anciens et du Conseil des Cinq-Cents serait également de 3.000 myriagrammes de froment. Les variations des mercuriales firent sentir la nécessité d'une règle fixe ; les lois des 20 vendémiaire an IV et 8 frimaire an VIII, adoptant pour base le taux moyen des mercuriales de l'an VI, établirent que l'indemnité serait de 675 francs par mois.

Les membres de chacun des conseils recevaient, en outre :

1° Une indemnité pour port de lettres qui s'élevait en moyenne à 70 francs par mois ;

2° Une indemnité de 330 francs par mois pour

frais de logement, de bureau, d'entretien du costume ; le premier costume était fourni par l'Etat. L'indemnité mensuelle s'élevait donc à 1.075 francs, non compris les frais de voyage fixés à 10 francs par myriamètre.

Sous le régime de la Constitution de l'an VIII, le traitement des tribuns et celui des députés, devenu annuel, était fixé à 15.000 francs pour les premiers, à 10.000 pour les seconds. Les sénateurs étaient plus largement rétribués. L'article 22 de la constitution de l'an VIII avait décidé qu'une partie des revenus des domaines nationaux serait affectée aux dépenses du Sénat. Le traitement de chacun des sénateurs était égal au vingtième de celui du premier consul qui était de 500.000 francs par an. Un sénatus-consulte du 14 janvier 1803 créa, dans chaque arrondissement du tribunal d'appel, des sénatories dotées d'une maison et d'un revenu annuel en domaines nationaux de 20 à 25.000 francs.

Les sénatories étaient possédées à vie, ceux qui en étaient pourvus étaient tenus d'y résider au moins trois mois chaque année. Les sénatories étaient conférées par le premier Consul et leur revenu tenait lieu de toute indemnité pour les sénateurs.

Le gouvernement de 1814 ne maintint l'indemnité législative qu'à titre transitoire, elle reparut pendant les Cent Jours et fût portée à 18 francs par jour avec des frais de voyage.

La Première Chambre qui siégea sous la Restauration fut saisie par le gouvernement d'un projet de loi électorale dont l'un des articles consacrait la gratuité absolue du mandat législatif. Le projet ne put être réalisé, mais la Chambre l'avait approuvé.

Pendant toute la durée du régime censitaire, le mandat fut gratuit. Le gouvernement provisoire de 48 rétablit l'indemnité au taux de 25 francs par jour, durant la session.

L'Assemblée constituante sanctionna cette disposition, en ajoutant que l'indemnité serait incessible et insaisissable. Mais un article de la loi électorale de 1849 établit que l'indemnité pourrait être saisie même en totalité. La Constitution du 14 janvier 1852 décida que les députés ne recevraient aucun traitement.

Le système ne vécut que quelques mois ; un sénatus-consulte de 1852 attribua à tous les députés une indemnité de 2.500 francs par mois de session ordinaire ou extraordinaire.

Mais avec de telles dispositions légales, on était

parfois embarrassé pour payer les députés : ainsi, lorsque la fin de la session ne coïncidait pas avec la fin du mois, on ne savait trop s'il fallait décompter les jours pendant lesquels ils n'avaient pas siégé ; d'un autre côté, les députés pouvaient être accusés de prolonger, au-delà de la nécessité, la session pour augmenter leurs ressources ; il était impossible que cet état de choses dûrat, aussi un sénatus-consulte du 18 juillet 1866 rendit l'indemnité annuelle et la fixa à 12.500 francs.

Pour le Sénat, la première pensée des auteurs de la Constitution de 1851 avait été de diviser les sénateurs en deux catégories : les riches et les pauvres. La situation était ainsi formulée. « Les fonctions de sénateur sont gratuites ; néanmoins, le Président de la République pourra accorder à des sénateurs, en raison de services rendus et de leur position de fortune, une dotation personnelle qui ne pourra excéder 30.000 francs par an ».

Les membres de l'Assemblée nationale de 1871 touchèrent une indemnité annuelle de 9.000 francs en vertu du décret du 27 janvier 1871, lequel interdisait le cumule d'un traitement avec l'indemnité parlementaire.

De tout temps, alors même que le mandat était gratuit, le Président et les questeurs avaient droit à une indemnité ; actuellement elle représente 72.000 francs pour le Président et 9.000 francs pour les questeurs en plus de l'indemnité parlementaire. Voilà pour la France. Regardons maintenant ce qui se passe à l'étranger.

En Angleterre le mandat est gratuit, sauf pour le Président de la Chambre des communes, qui reçoit une indemnité de 150.000 francs.

En Italie, en Espagne, en Allemagne les députés n'ont droit qu'au parcours sur les voies ferrées.

Partout ailleurs le principe de l'indemnité législative est admis.

En Autriche, les membres de la Chambre des députés reçoivent une indemnité calculée par jour de session, d'après le taux adopté en France ; ils ont droit à une indemnité de voyage, calculée à raison de 2 fr. 50 par lieue aller et retour ; le Président de la Chambre des députés de Hongrie, reçoit une indemnité de 300.000 francs, plus 5.000 francs par an, de frais de logement. En Belgique, les députés des provinces reçoivent 423 francs par mois de session.

Aux Pays-Bas l'indemnité est de 4.233 francs par an, il y a en outre des frais de voyage à raison de 1 fr. 50 par heure.

Aux Etats-Unis, la Constitution décide que

« les sénateurs et représentants recevront pour leurs services, une indemnité qui sera réglée par la loi ». Cette indemnité est fixée à 25.000 francs, non compris les frais de voyage.

Le Président touche une indemnité spéciale de 40.000 francs.

En Suisse, les membres des deux conseils sont indemnisés, ceux du conseil national, par la Caisse nationale, ceux du conseil des Etats par les cantons.

En Suède, l'indemnité est de 1.650 francs par session ordinaire de quatre mois. En cas de session extraordinaire elle est de 13 fr. 80 par jour, les frais de voyage en plus. En Norwège, l'indemnité se calcule par jour, elle est d'environ 17 francs, plus les frais de voyage.

Au Danemark l'indemnité est de 8 fr. 40 par jour, augmentés des frais de voyage. En Grèce, les députés reçoivent une indemnité de 2.000 francs pour chaque session ordinaire ; en cas de session extraordinaire ils n'ont droit qu'à des frais de voyage ; au Portugal, l'indemnité est de 555 francs par mois de session.

<h2 style="text-align:center">III</h2>

Un député privé de fortune et chargé d'une famille ne commence à vivre, avons-nous dit, que lorsqu'il devient ministre. Les ministres, en effet, reçoivent, sans cumul avec l'indemnité parlementaire, un traitement de 60.000 francs, fixé à cette somme depuis le 19 septembre 1871. Leur part qui est encore belle, a été rognée deux fois en un siècle. A l'époque du premier Empire et de la Restauration, chaque ministre coûtait à l'Etat 120.00 francs. Une ordonnauce du 21 janvier 1831 leur retranche 20.000 francs et le traitement demeura établi à 100.000 francs jusqu'en 1870.

Le candidat à la députation n'a souvent d'autre souci que de se faire député *ministrable*, c'est-à-dire un homme sans beaucoup d'éclat, incapable de gêner qui que ce soit, dans la marche vers le sommet du pouvoir. Il évite de prendre des résolutions énergiques ou de préparer des projets d'une mesure trop radicale et apporte ainsi sa quote part d'inertie législative, de même que d'activité fièvreuse, lorsqu'il s'agit de débarquer des amis ou ennemis du cabinet.

Ces jeux de passe-passe font la joie des badauds, l'espérance des partis, mais finissent par énerver les forces de la République. Les chefs d'opinion veulent conquérir le ministère pour « tenir plus haut et plus ferme le drapeau triomphant du parti » ; quant aux humbles, ils se contentent de jouer le rôle de *bouche-trou*, et, s'ils ont de la fortune, acceptent un portefeuille pour satisfaire leur vanité ou celle de leurs électeurs ; s'ils sont pauvres, ils tendent les mains vers le maroquin béni, pour améliorer leur situation et celle de leur petite famille.

Ces petits côtés ont des conséquences assez grandes sur la direction des affaires qui demeure instable.

Les députés, insuffisamment rétribués, doivent donc demander à un travail quelconque, généralement honorable, un complément pécuniaire à leur indemnité. Ils soustraient, pour leur profit personnel, du temps qui appartient en partie aux électeurs, en partie au pays.

La salle des séances de la Chambre est souvent vide, les orateurs psalmodient devant les fauteuils, et, pendant que se débattent des intérêts généraux, un certain nombre de députés s'occupent de leurs affaires particulières. Nous pourrions, comme trait caractéristique, citer le cas d'un député qui est resté un an absent de la Chambre, sans congé régulier. Ses amis votaient pour lui, d'autres amis décachetaient son courrier et faisaient sa correspondance, cependant que Monsieur le Député, moyennant de gros bénéfices, construisait des quais sur le Bosphore...

Que faire alors ? Augmenter l'indemnité parlementaire ?

Mais, la moindre amélioration de l'indemnité parlementaire se solderait par des millions supplémentaires qu'il faudrait demander aux contribuables.

Dans ces conditions ne conviendrait-il pas plutôt de diminuer le nombre des députés ? Toute la question semble devoir tourner autour de ces deux points ? 1° augmentation de l'indemnité parlementaire : 2° diminution du nombre des députés.

Mais comment demander à la Chambre de s'amputer elle-même ? La question tournoiera dans un cercle vicieux pendant longtemps encore. Pourtant un groupe de députés a essayé, l'année dernière, de la faire résoudre en portant aux débats une proposition d'augmentation signée par plus de la moitié de la Chambre et présentée au nom de MM. Tourgnol et Gras.

La discussion s'est animée entre MM. Paul Lebaudy, Lemire et de Mahy.

M. Paul Lebaudy, à qui la députation coûte, par législature, environ 500.000 francs, et dont on ne pouvait suspecter le désintéressement, a soutenu avec fermeté, à la tribune, la proposition de l'augmentation.

Lorsqu'on passa aux votes, la moitié des députés qui avaient signé la proposition de l'augmentation eurent peur de l'électeur et la proposition fut repoussée.

Elle pèse cependant comme un cauchemar sur la conscience de nos maîtres et législateurs. Parmi les projets que la Chambre discutera dans un avenir prochain, il en est un de M. Guillemet, député de la Vendée, relatif à l'élection des députés et des sénateurs. Il conclut à une diminution du nombre actuel des élus, et, partant, nous promet d'une façon indirecte, si jamais il a la chance d'être voté, de faciliter l'augmentation de l'indemnité parlementaire.

La France aurait, dans ces conditions, la possibilité de se débarrasser d'un tiers de ses maîtres et d'augmenter le bien-être du reste.

LE MAL ET SES REMÈDES

(Enquête)

Voici mon opinion. L'indemnité des députés se justifie dans une démocratie par l'obligation où se trouvent les élus de consacrer à leur mandat, sinon la totalité, du moins une grande partie de leur activité.

D'où la nécessité qu'ils aient une indemnité suffisante pour vivre honorablement. En fait, des nécessités occasionnées par la lutte électorale, obligent beaucoup de députés à consacrer une fraction, souvent importante, de cette indemnité à d'autres dépenses que celles de leur propre entretien. Mais cette considération ne doit point entrer en ligne de compte au point de vue de la quotité de l'indemnité. Personne n'est obligé de prendre des engagements de dépenses à propos des luttes électorales. On ne doit, pour apprécier la quotité de l'indemnité, considérer qu'une chose : suffit-elle pour permettre à un député, sans autres ressources, de vivre honorablement ?

Lorsque le chiffre de l'indemnité fut adopté, en 1848, il paraissait suffisant pour les prix de l'époque. Actuellement le prix des choses nécessaires à la vie s'est accru, l'indemnité est donc faible. En principe, on peut conclure qu'elle devrait être augmentée. Reste à savoir à quel moment cette augmentation serait admissible en fait.

A cela la réponse est simple. Le rôle des députés est principalement de débattre avec le gouvernement les dépenses publiques et de réduire au plus juste prix le coût des services publics.

Les députés ont-ils rempli ce rôle ?

Evidemment pas encore ; la discussion relative à la limitation de l'initiative parlementaire en matière de dépenses a révélé que jusqu'ici ils ont eu une tendance fâcheuse à présenter au budget plus d'augmentations de dépenses que de réductions. Quand ils auront, pendant un temps raisonnable, produit des résultats contraires, géré avec économie les finances dont ils sont moralement responsables vis-à-vis de la nation, ils pourront à la fin d'une législature augmenter dans une mesure raisonnable l'indemnité due à leur fonction.

D'AGOULT,
Député du Sénégal.

***

Mon cas est tout à fait exceptionnel, car j'habite Paris depuis 30 ans et la députation, à ce point de vue, ne m'a apporté aucune charge nouvelle.

Mais, en revanche, comme je représente une circonscription de banlieue, il m'a fallu m'inscrire dans plus de 400 sociétés : pompiers, musique, gymnastique, nautiques, cyclistes, etc., etc., qui à elles seules absorbent mes appointements sans compter une correspondance incommensurable.

Je reconnais que des collègues de province, qui sont obligés d'avoir un pied-à-terre à Paris et qui doivent avoir aussi *leurs œuvres* comme moi, sont dans une situation difficile.

M. Gaston Ménier s'était courageusement occupé de cette question : il était au-dessus de tout soupçon, mais il n'a pas été suivi.

E. AIMOND,
Député de Seine-et-Oise.

*
* *

Puisque vous croyez que ma contribution personnelle peut-être utile à l'enquête que vous poursuivez, je n'hésite pas à vous faire connaître mon opinion, très ancienne, très réfléchie, et à laquelle les événements donnent chaque jour, dans mon esprit, une force nouvelle.

Je suis résolument partisan : 1° de la diminution du nombre des députés ; 2° du relèvement de l'indemnité parlementaire. Le régime parlementaire, qui est la garantie suprême et nécessaire de la liberté politique, ne pourra vivre qu'en se réformant, mais les deux mesures que je préconise m'apparaissent comme la base même et l'indispensable condition de cette réforme.

LOUIS BARTHOU,
Député, ancien ministre.

*
* *

Ce n'est pas ma « dignité ministérielle » qui m'empêche de vous répondre. C'est le temps qui me manque. J'avais mis votre lettre en un bon coin pour penser à votre question et y réfléchir.

Mais je me vois forcé de renoncer à prendre part à l'intéressante consultation que vous provoquez.

A défaut de mon avis, recevez au moins mon entière approbation. Votre étude sur la situation sociale du député contribuera à préparer l'opinion à l'idée de fortifier l'indépendance matérielle des élus.

PIERRE BAUDIN,
Ministre des Travaux Publics.

*
* *

Y a-t-il lieu d'augmenter l'indemnité législative des sénateurs et députés français ? Vous me posez la question : la réponse affirmative ne saurait être douteuse pour tout homme impartial.

L'indemnité actuelle est la même que celle de 1859 : eh bien ! la valeur fiduciaire de la monnaie a quelque peu changé depuis cinquante ans : 9.000 francs de 1849 correspondant à 25.000 ou trente mille à l'heure actuelle.

Mais cette considération est chose fort secondaire : que députés ou sénateurs soient plus ou moins bien rémunérés, cela importerait fort peu s'ils l'étaient suffisamment.

Or, suffisamment, ils ne le sont certes pas.

Dans un pays démocratique, où l'un des premiers principes est que les fonctions électives sont accessibles à tous les citoyens, le mandat législatif ou sénatorial ne saurait être le monopole des citoyens riches. Or, avec l'indemnité annuelle de 9.000 francs, il tend de plus en plus à le devenir, une telle indemnité ne pouvant en aucune façon rémunérer l'élu du suffrage universel direct ou du suffrage à deux degrés.

Comment voulez-vous que cette somme de 9.000 francs par an soit rémunératrice pour des députés qui, d'abord, ont dû faire les frais de leur élection, frais de plus en plus élevés qui atteignent quelquefois plusieurs dizaines de mille francs, qui, ensuite, ont sans discontinuer les charges les plus lourdes de journalisme, de tombolas, d'honorariat de sociétés de toutes sortes, qui, enfin, doivent non seulement vivre, eux et leur famille, mais encore faire certaine figure dans le monde, avec obligations mondaines et relations multiples.

Ajoutez à cela que ces députés et sénateurs, qui traînent ces charges avec eux, mangent fatalement leur fortune personnelle pour la chose publique, sacrifiant, la plupart du temps, leur situation à leur mandat : ce sont des industriels, des avocats, des médecins, commerçants qui portent atteinte à leur industrie, à leur négoce, ou qui perdent leur clientèle ; ce sont des fonctionnaires qui renoncent à leur gagne-pain.

Et, entendez-le bien, un député ou un sénateur, qui veut réellement s'occuper de son mandat, ne peut s'occuper que de cela. Représentant du peuple, il manque à son devoir s'il néglige a chose de la République pour s'occuper de ses affaires personnelles. Eh bien ! vraiment, tout cela pour 9.000 francs par an, c'est un leurre.

Mieux, c'est un danger pour la démocratie : car, avec une rétribution qui n'est même pas une compensation, les citoyens pauvres ou de situation modeste renoncent peu à peu aux mandats électifs, et de plus en plus les portes du Luxembourg et du Palais-Bourbon ne s'ouvrent qu'aux riches — et, les riches élus, cela coûte cher à la démocratie, car, en général, les dits riches sont peu portés à voter les réformes. — Et cependant, il y a encore foule de modestes sur les bancs du Parlement ! Modestes, dont la vie probe, digne, faite d'une très petite aisance, mérite respect. Seulement, à côté d'eux, il y a eu, devant les âpres nécessités de la vie parisienne, des défaillances — extrêmement rares, mais qui ont été douloureuses pour le pays.

Tout le monde reconnaît qu'il faut augmenter l'indemnité législative : en bonne foi, tout le monde ne peut que le reconnaître. Cela n'empêche pas que l'augmentation sera difficilement votée. Nul représentant, en effet, ne saurait voter un accroissement de son traitement à lui-même ; cela serait répugnant ; une Chambre ne pourrait voter cette majoration que pour la Chambre qui la remplacerait et le Sénat que pour les sénateurs à nommer le lendemain ; mais des sénateurs et des députés qui se voteraient à eux-mêmes un accroissement d'indemnité pécuniaire, ah ! le beau tapage que cela ferait — et avec raison !

Cela n'empêche pas l'indemnité législative d'être plus qu'insuffisante, et cela n'empêche pas que cette insuffisance, en tendant de plus en plus à créer un monopole électoral en faveur des classes riches, ne menace d'un péril immense la démocratie française.

ALEXANDRE BÉRARD,
Député de l'Ain.

*
* *

Les députés touchent 9.000 francs par an, et avec cette somme il n'est pas douteux qu'ils soient à l'abri du besoin et qu'ils aient aussi la possibilité de se consacrer entièrement à leur mandat.

Evidemment, ce n'est pas la fortune ; mais aucun candidat n'a jamais, que je sache, demandé aux électeurs de lui faire des rentes. Il se propose comme mandataire, rien de plus ! Certes, avec 9.000 francs, les élus du peuple ne peuvent pas mener à Paris la grande vie ; mais, encore une fois, ce n'est pas pour cela qu'ils ont été nommés députés.

N'oublions pas non plus que ce n'est qu'une indemnité que touchent les députés, et non des appointements comme les fonctionnaires. L'indemnité actuelle est-elle suffisante pour les faire vivre, eux et leur famille ? Toute la question est là.

Eh bien ! oui, elle est suffisante, et, par conséquent, il n'y a aucune opportunité à l'augmenter.

GEORGES BERRY,
Député de la Seine.

*
* *

Je n'hésite pas à répondre affirmativement à la
question que vous voulez bien m'adresser.

L'indemnité actuelle est insuffisante, étant
donné les charges de toute nature que supportent
les députés : l'obligation d'une double installation
à Paris et dans leur département, les souscriptions, dons, frais de correspondance, etc.

On devrait, en revanche, pouvoir diminuer le
nombre des députés. Mais... c'est alors la révision
de la Constitution.

LÉON BOURGEOIS,
Député de la Marne, ancien président du Conseil.

*
* *

M. Antide Boyer nous envoie, en guise de
réponse, la *Proposition de Loi* qu'il va soumettre
au courant de cette session à l'examen de la
Chambre des Députés :

PROPOSITION DE LOI

ARTICLE PREMIER. — L'indemnité fixe des membres de la Chambre des députés est réduite à 375 francs par mois. Le surplus de leur dotation est réparti à chacun d'eux au prorata des jetons de présence obtenus comme ci-après.

Les jetons de présence sont délivrés à chaque député qui assiste aux séances publiques sans absence de plus d'une heure en tout du commencement à la fin.

La présence est constatée sur un registre spécial tenu par un huissier et sur lequel celui-ci indique l'heure à côté des émargements d'entrée et de sortie du Palais-Bourbon.

La présence aux commissions, contrôlée par la questure, donne droit à des demi-jetons, pourvu que leurs réunions n'aient pas lieu dans la même matinée que la séance publique.

ART. 2. — Les retenues opérées pour abonnements aux Chemins de fer, buvette, etc., sont prélevées sur l'indemnité fixe.

ART. 3. — Il est interdit de cumuler les indemnités de député avec un traitement de l'État, ou d'une administration, soit subventionnée soit contrôlée par l'État.

Les députés, dans ce cas, opteront pour la rétribution qu'ils préfèrent.

ART. 4. — La totalité des indemnités parlementaires est insaisissable.

ART. 5. — Les Députés et Sénateurs n'ayant pas de domicile à Paris avant leur élection, n'ont pas à payer une nouvelle cote mobilière en plus si leur loyer dans la capitale n'excède pas 3.000 francs.

ART. 6. — Les réponses d'ordre politique ou administratif que les membres du Parlement font remettre ouvertes à la Questure de la Chambre ou du Sénat, jouissent de la franchise postale.

Les communications téléphoniques avec la Chambre et le Sénat sont gratuites pour les membres du Parlement. Toutefois, l'installation du téléphone à domicile est individuellement à la charge des Sénateurs et Députés.

ART. 7. — Les économies réalisées sur les impressions ou autres frais de la dotation affectée à la Chambre des Députés servent à constituer une Caisse de secours pour les députés malades ou les anciens parlementaires infortunés, conformément aux avis des questeurs et des commissaires de la comptabilité réunis.

Antide Boyer, Député.

*
* *

Je ne puis que confirmer l'attitude prise par l'Alliance communiste le jour de la formation du ministère actuellement au pouvoir.

La crise que traverse en ce moment le parti socialiste sera, nous l'espérons, fructueuse en enseignements pour l'avenir en ce sens qu'elle confirmera, plus encore que notre déclaration première, les légitimes protestations que nous avons fait entendre et les dangers que nous avons prévus et qui se confirment tous les jours avec une incontestable puissance.

Très habilement M. Waldeck-Rousseau a voulu briser le mouvement révolutionnaire qui se manifestait dans les rangs ouvriers avec une force telle que l'agitation politique nationaliste eût été pour le prolétariat l'occasion excellente de faire, par la grève générale, d'une pierre deux coups : sauver la République d'abord et ensuite faire céder à la bourgeoisie une partie des monstrueux privilèges qu'elle détient et dont elle abuse contre les ouvriers.

Cette grève générale, tout le monde la pressentait et les parlementaires la redoutaient tout en feignant une tranquille confiance.

Certes, elle ne se fut pas produite sans effusion de sang et un trouble profond. C'est dans ce sang que serait morte l'agitation nationaliste dont nous ne prévoyons pas en ce moment la fin. Au lieu de cette grève générale, dont l'effet moral eût été considérable, l'habile tactique de M. Waldeck-Rousseau a fait fuser ce mouvement en grèves partielles, qui, certes, n'ont pas été sans importance, mais dont les résultats disparaîtront au premier souffle, comme disparait, sous la puissance de la volonté patronale et capitaliste, tout ce qui est de nature à réduire les revenus et leurs privilèges au profit de la classe ouvrière.

En prenant un socialiste au ministère, il a réduit les forces d'opposition du Parti socialiste au Parlement et dans le pays.

Dans tous les partis il y a une extrême gauche et une extrême droite. Le nôtre, en grandissant, ne pouvait échapper ni à des manifestations extraordinaires ni à la crise que nous traversons en ce moment.

Le tolle, presque général parmi les socialistes parlementaires, qui avait accueilli notre premier manifeste, commence à s'éteindre et à disparaitre peu à peu. Les violences policières contre les socialistes commencent à exaspérer les plus modérés des socialistes contre le gouvernement ; enfin ces saignées ouvrières finissent par désiller les yeux des plus farouches ministériels : aussi espérons-nous, dans un temps prochain, le retour de beaucoup d'égarés qui s'apercevront, malheureusement un peu tard, qu'ils ont été dupés et que le plan Waldeck avait plus pour but d'anéantir l'action socialiste que l'action nationaliste.

Ce sera une leçon qui coûtera cher au Parti socialiste ; mais elle ne sera pas sans profit pour l'avenir du mouvement socialiste international. Grâce à notre attitude résolue et intransigeante, nous aurons sauvé le parti socialiste français de la chute absolue, si nous nous étions laissés enliser dans cette mare gouvernementale.

Quant à l'augmentation de l'indemnité parlementaire, ma déclaration contre cette proposition a heureusement brisé toute tentative nouvelle et j'en suis très heureux, quoique j'aie eu à subir bien des assauts de la part de mes amis qui m'accusaient de faire le jeu des riches contre les pauvres, alors que jamais proposition n'aurait mieux fait le jeu des ennemis du socialisme en les montrant à la curée dès qu'ils arrivent au pouvoir.

Il n'est pas douteux que la bourgeoisie démoralise le suffrage universel et que les électeurs ne voient plus dans leurs élus que des distributeurs de secours individuels, de prix, de médailles et subventions à toutes sortes de sociétés. Ces distributions représentent des dépenses pour l'élu qui veut rester honnête s'il n'a pas de ressources personnelles.

Certes, par les orgies de dépenses en périodes électorales, la classe capitaliste finit de corrompre tout le corps électoral. C'est justement contre cette corruption que les socialistes doivent lutter en ne se laissant pas entraîner à des dépenses qu'ils ne peuvent faire, en réduisant les frais de leur mandat au strict nécessaire, et en prouvant, comme nous le faisons, que si nous savons nous opposer à des réductions immorales, nous savons aussi , nous opposer à des augmentations qui seraient plus immorales encore, qui seraient une insulte flagrante à la misère de ceux que nous avons la prétention de représenter et de défendre.

T. DEJEANTE,

Député ouvrier socialiste et révolutionnaire de la Seine.

*
* *

Il est incontestable que l'indemnité de 9.000 francs est suffisante pour les parlementaires, pères de famille, sans ressources accessoires.

Par quel moyen remédier à l'état de choses actuel ?

Par une augmentation de 3.000 francs à proposer par le gouvernement. Y a-t-il opportunité à relever le taux de l'indemnité parlementaire ? M'inspirant avant tout des intérêts de la cause républicaine et considérant l'augmentation inquiétante de nos dépenses, j'estime qu'il serait imprudent d'offrir à nos adversaires politiques une arme dont ils ne manqueraient pas d'user pour provoquer le mécontentement aux élections générales contre les candidats qui auraient voté le projet de loi.

Dans ces conditions, il conviendrait de maintenir le *statu quo*, du moins jusqu'au jour où nous aurions trouvé le moyen, non seulement d'arrêter la hausse des dépenses, mais de les réduire dans de notables proportions, ce qui peut être obtenu, je crois, par un contrôle plus efficace du budget de la guerre, de la marine, de l'administration coloniale et par la réduction des bénéfices excesssifs réalisés par les gros fonctionnaires du ministère des Finances.

DELPECH,
Sénateur de l'Ariège

*
* *

Il est incontestable que, dans une société démocratique comme la nôtre, le député qui n'a pas de ressources personnelles doit être indemnisé du temps qu'il consacre à l'accomplissement de son mandat et pendant lequel il lui est impossible de travailler.

L'indemnité de neuf mille francs répond parfaitement à ce principe, donne satisfaction à cette revendication absolument légitime.

Le pays, croyez-le bien, ne voit nullement la nécessité d'aller au-delà. Il est convaincu, et il a raison, que l'on peut vivre honorablement et décemment avec neuf mille francs.

Mon père, quand il s'est marié, avait un traitement de douze cents francs qui s'est augmenté bien lentement et qui n'est jamais arrivé à quatre mille francs. Il n'en a pas moins élevé honnêtement ses deux enfants. Moi-même, étant déjà marié, j'ai vécu très longtemps heureux avec cinq cents francs par mois.

Les électeurs, surtout avec le scrutin d'arrondissement, savent à un sou près, à quoi s'en tenir sur la situation de celui qui se présente à la députation et ils n'auront point l'idée de demander à leur élu des sacrifices au-dessus de ses forces.

Si les électeurs veulent un représentant qui puisse s'intéresser matériellement à tout ce qui se passe dans sa circonscription, s'associer à toutes les souscriptions, aider, dans une mesure plus ou moins considérable, ceux qui s'adressent à lui, contribuer sous une forme ou sous une autre aux fêtes que l'on organise, les électeurs choisiront un député qui ait reçu par héritage, ou qui ait acquis par son travail, les ressources nécessaires à de telles dépenses.

Si les électeurs préfèrent un homme dénué de fortune, ils n'auront pas la pensée de réclamer de leur mandataire ce qu'ils savent parfaitement que ce mandataire ne peut pas faire.

Je ne crois pas qu'il se trouve jamais une majorité pour voter une augmentation de traitement. Ceux qui la voteraient savent, à n'en pas douter, qu'ils travailleraient uniquement pour leurs successeurs, car eux-mêmes ne seraient pas réélus et ce vote serait contre eux un argument contre lequel rien ne prévaudrait.

Rien d'ailleurs, mon cher confrère, ne force un homme à être député, et les compétitions sont telles que les électeurs de toutes les nuances et de toutes les opinions, sont bien certains qu'ils trouveront toujours un candidat de bonne volonté pour s'offrir à représenter cette nuance et cette opinion.

J'ajoute, mon cher confrère, que l'augmentation dont on parle vaguement, quelque onéreuse qu'elle fût pour un budget déjà surchargé, ne pourrait dépasser un maximum relativement peu élevé et que, dans ces conditions, elle ne changerait pas grand chose au sort des députés besogneux.

Celui qui serait disposé à panamiser ou à vendre son influence ne serait pas préservé de cette tentation s'il touchait 15.000 francs par exemple au lieu de 9.000.

Pour assurer sinon l'aisance, du moins un bien être relatif à un député sans fortune aucune et sans profession, il faudrait lui allouer au moins un traitement de trente mille francs. Ce serait aussi ouvrir la porte aux convoitises de tous les politiciens sans scrupules qui, dans la députation, ne verraient plus qu'une place bien rétribuée.

L'opinion sera, je crois, unanime pour désirer que l'indemnité parlementaire, conserve le caractère qu'elle a aujourd'hui.

Cette indemnité n'a jamais été destinée à procurer une vie brillante et confortable aux représentants du peuple.

Cette indemnité a pour but unique, pour but exclusif, d'empêcher qu'un homme envoyé à la Chambre par ses concitoyens soit dans l'impossibilité d'accepter le mandat qui lui serait confié, parce qu'il n'aurait pas les moyens de vivre pendant qu'il remplirait ses devoirs de député.

EDOUARD DRUMONT,
Député d'Alger.

*
* *

Vous me faites l'honneur de me demander mon avis sur deux points : 1° comment remédier à la situation actuelle ? 2° est-il opportun d'augmenter l'indemnité parlementaire. Vous désirez, je pense, des réponses sincères, et vous voudriez, en outre, je n'en doute pas, qu'elles fussent précises. Dans ces conditions, il faudrait pour vous donner satisfaction, écrire un volume et courir le risque d'être lapidé par les innombrables discuteurs de solutions toutes faites et de panacées à tout usage.

Sur un seul point l'accord est à peu près unanime dans le Parlement : les choses vont aussi mal que possible, et les rouages de la vieille machine gouvernementale ont tous été faussés ; les grands principes qui constituaient, il y a quarante ans, le programme commun de toutes les revendications politiques — contrôle du Parlement, responsabilité des ministres, etc. sont à vau l'eau. Or il est impossible qu'il en soit autrement dans une société démocratique régie par le suffrage universel, et où de longs siècles ont fait profondément pénétrer le sentiment de l'omnipotence du pouvoir central. Comme je ne vois aucun moyen ni d'effacer notre passé historique, ni de donner immédiatement un contrepoids aux abus dangereux des mœurs démocratiques, ni enfin d'assurer la clairvoyance du suffrage universel, tout en garantissant son indépendance, vous me permettrez d'espérer que votre enquête, en mettant au jour les idées de collègues plus éclairés que moi sans doute, me permettra de trouver la solution que je cherche en vain.

En ce qui concerne l'indemnité parlementaire, la réponse n'est pas moins difficile : *a priori* le bon sens et la logique voudraient qu'elle fût supprimée ; ce serait la seule manière d'obtenir un Parlement indépendant, parce que les membres qui le composeraient seraient en majorité indépendants personnellement ; mais ce remède serait, dans la pratique, pire que l'état de choses actuel, car le suffrage universel pouvant choisir ses élus sans s'arrêter aux considérations d'ordre purement matériel, ceux-ci, seraient les prisonniers des comités qui, après avoir assuré leur élection, devraient pourvoir à leurs besoins, ou bien les candidats ne se recruteraient que parmi les personnages assez riches pour prendre à leur solde en quelque sorte comités, électeurs et circonscriptions : dans le premier cas, la corruption de l'élu est certaine, et dans le second celle de l'électeur.

Quant au taux de l'indemnité, il est bien plus délicat à discuter, car on paraîtrait faire des personnalités et non discuter une théorie ; il est certain que 25 francs par jour est une aubaine inespérée pour tel ou tel candidat, simple ouvrier manuel, la veille d'une élection, et que cette même somme est une valeur négligeable pour tel ou tel autre, parvenu aux premiers rangs de l'industrie, du commerce ou des professions libérales. Il est probable aussi, qu'avec une indemnité plus forte, la mystérieuse liste que l'on sait eût compté moins de numéros. Il y a là une question de mesure : mais, comme il est difficile de la bien déterminer, j'ai toujours voté contre les propositions tendant au relèvement du taux de l'indemnité, n'étant pas sûr que ce relèvement augmenterait sensiblement les garanties qui seules le justifieraient, mais étant sûr, en revanche, qu'il augmenterait les charges du budget.

LA FERRONNAYS,
Député de la Loire-Inférieure.

*
* *

Pour répondre à votre question sur la situation sociale et pécuniaire des députés, il faut d'abord examiner leurs obligations. Il en est de deux sortes : celles qui se rattachent à l'exercice du mandat et celles qui n'ont pour objet que l'élection ou la réélection du député. Laissez-moi parler d'abord de celles-ci, car elles tiennent malheureusement la plus grande place dans le budget d'un grand nombre de mes collègues.

On évalue à 10.000 francs le coût moyen d'une élection. Dans les circonscriptions où les électeurs vivent de la vie civique, s'intéressent et se passionnent aux choses politiques, ce chiffre n'est que

très rarement atteint. La plus forte dépense électorale que j'aie faite s'est élevée à 4.500 francs en
chiffres ronds. J'ai été battu, il est vrai, mais dans
un rang fort honorable et mon concurrent heureux, pour qui je me suis désisté, n'a pas atteint
cette dépense bien qu'il ait eu à faire face aux frais
du second tour.

Autrefois, dans le parti républicain, les frais
d'élection n'incombaient pas au candidat, et la
souscription ouverte par le comité y suffisait toujours. Il en est encore de même pour un grand
nombre de candidats socialistes. Quelques comités
socialistes font une retenue sur l'indemnité de
l'élu, mais cet usage tend à disparaître à mesure que
les comités se rendent un compte plus exact des
charges qui incombent à un homme public. Dans
les régions peu cultivées politiquement, les frais
d'élection sont scandaleusement élevés; sauf d'honorables exceptions, l'on voit que ce sont les circonscriptions les moins populeuses et les plus
pauvres qui nomment les députés les plus riches.
Une loi sur les dépenses électorales me paraîtrait
beaucoup plus morale et plus utile donc qu'une
loi qui élèverait l'indemnité parlementaire actuelle
à un chiffre plus élevé.

Mais revenons aux obligations du député. Je le

suppose assidu et laborieux. Je le suppose sans autres ressources que son indemnité, puisque les électeurs doivent avoir le droit de préférer un candidat pauvre, mais intelligent, à un candidat riche et de loisir, mais médiocre ou nul. Pour l'exercice même du mandat et non pour assurer sa réélection par des libéralités, quelles sont ces obligations ? Cela est difficile à déterminer, car elles sont variables. Je ne connais pas beaucoup de collègues qui consacrent leurs vacances à des voyages d'études à l'étranger, pour y étudier le mécanisme de lois que nous aurions profit à connaître. Parmi ceux qui ont pour unique ressource l'indemnité parlementaire, il n'en est pas un seul qui le pourrait à moins de recevoir de son parti un subside spécial, comme nous faisons au groupe socialiste, et comme fait la ville de Paris, au moyen d'un crédit spécial, dont j'ai eu le plaisir de prendre naguère la défense contre le nationalisme naissant.

Autres sources de dépenses : nombre de députés doivent déjeuner hors de chez eux, quand ils ont passé leur matinée dans une commission ou dans les ministères. J'avoue que les courses dans les ministères, et les dépenses qu'elles entraînent, ne me semblent pas dignes d'intérêt. Il s'agit, en effet, beaucoup trop de mendicité électorale, d'intérêts particuliers à satisfaire, de vengeances à exercer, de fonctionnaires à déplacer ou à avancer, et pas assez des intérêts publics. Je connais des députés qui passent leur matinée à courir les ministères ou à écrire à leurs électeurs, et leurs après-midi libres à courir les bureaux, et ils ne sont jamais au courant des questions qui se débattent à la tribune. Ils regardent applaudir, grogner ou voter les camarades de leur groupe, et font comme eux de confiance.

Pas plus tard qu'hier, j'en ai eu un exemple frappant en voyant un fort groupe de coureurs de ministères, conspuer un orateur d'un autre parti qui, par exception, soutenait une de leurs thèses favorites. Pour ce genre d'exercices, je ne vois pas la nécessité d'un encouragement sous forme d'une augmentation de l'indemnité parlementaire. Quant aux travaux de la commission qui s'effectuent le matin, ils sont rares, et je le regrette ; car ils nous permettraient de donner six journées aux séances au lieu de quatre par semaine. Pour permettre l'assiduité sans frais aux députés commissaires, il suffirait d'ajouter un buffet à la buvette. Ici encore, la ville de Paris peut servir de modèle tout comme pour les voyages d'études : aux visites des commissions spéciales, tirages d'emprunts, conseil de révision, etc., qui ont lieu généralement le matin, la Ville offre à déjeuner aux commissaires dans le restaurant le plus proche de l'endroit où ils sont réunis.

Quelles autres dépenses obligatoires ? Les secours aux compatriotes indigents ? Ils sont à la mesure de la bourse et des sentiments de celui qui est requis. Les cotisations et les prix aux sociétés locales ? Ils ne sont pas obligatoires et rentrent, à mon avis, dans les moyens de réélection.

Fort bien, dira-t-on, mais ceux qui veulent jouer un rôle, diriger la politique? Ils ont des frais ceux-là. Cela dépend. Tel qui gagnait au Palais, bon ou mal an, 200.000 francs à plaider au civil, fait avec joie l'échange de cette forte somme contre les 60.000 francs d'un traitement ministériel, sans que personne, et avec raison, s'émerveille du sacrifice.

Enfin je me rappelle un certain Robespierre, qui vivait en pensionnaire dans la modeste famille du menuisier Duplay, et qui, sans voiture ni laquais, n'en a pas moins joué un certain rôle dans la politique. Nous ne sommes plus sous la Terreur, soit. Je n'en demande pas le retour, mais je crois qu'un ménage de braves gens peut vivre convenablement à Paris, même en temps d'Exposition, même s'il a des enfants, avec 25 francs par jour.

E. FOURNIÈRE,
Député de l'Aisne.

*
* *

Si l'indemnité parlementaire était portée à 100 fr. de plus par mois, ce serait une augmentation annuelle de près de 3 millions (exactement 2.643,000 fr.) pour les dépenses des deux chambres. Pareille somme n'est évidemment pas introuvable dans notre budget de recettes, sans aucun accroissement d'impôts. Une notable partie, assure-t-on, en pourrait même être obtenue au moyen d'économies réalisées dans les dépenses ordinaires du Parlement.

Je m'en réfère sur ce point à MM. les questeurs et aux commissions spéciales. Pour le reste, c'est l'affaire de M. le ministre des Finances d'y pourvoir. Ceux de mes collègues qui savent l'art que j'ignore, de boucler un budget, pourraient aussi vous fournir de précieuses indications.

Quant à l'opportunité du relèvement de l'indemnité parlementaire, elle est manifeste pour les députés et les sénateurs qui, malgré un train de vie très modeste, n'arrivent pas à joindre les deux bouts. Mais pour l'opinion publique, elle est d'avis je crois, qu'il y a des augmentations de traitements ou de pensions plus urgentes que celle de l'indemnité des représentants du peuple.

Abbé GAYRAUD,
Député du Finistère.

*
* *

Je n'hésite pas à vous répondre que j'estime que l'indemnité parlementaire est tout à fait insuffisante, qu'elle a été fixée au taux actuel à une époque où la vie était moins chère, où les sessions parlementaires étaient moins longues. Il est absolument impossible à un représentant du peuple de vivre avec 9.000 frans par an.

Il y a des obligations multiples, frais d'élection, frais de représentation, frais de correspondance, frais de déplacement, frais de secours, d'assistance, de solidarité, d'adhésion à des œuvres diverses qui absorbent une bonne partie de l'indemnité parlementaire. J'en connais qui affectent toute leur indemnité à ces contributions.

22.

Il serait donc sage et juste de relever l'indemnité actuelle.

Les gouvernements ne l'ont pas fait, disant que c'est aux Chambres à en prendre l'initiative. Les Chambres ne l'ont pas fait, parce qu'elles n'ont pas voulu avoir l'air de songer à elles-mêmes. Elles ont eu peur de la critique injuste, intéressée ou sans responsabilité. Cette pusillanimité regrettable se manifeste surtout chez les représentants qui auraient le plus besoin du relèvement de leur indemnité. Elle ne fait pas honneur au courage des Chambres.

L'insuffisance de l'indemnité force des représentants — et c'est le plus grand nombre, la presque unanimité — à s'adonner à d'autres occupations que l'exercice de leur mandat, afin de faire face à leurs obligations. L'un est médecin, l'autre avocat, un troisième journaliste, cet autre commerçant industriel ou financier. Cela est forcé, sans quoi les familles des représentants seraient dans l'indigence.

Un gouvernement qui aurait le sentiment de la dignité du Parlement inscrirait, de lui-même, dans la dotation des pouvoirs publics une somme suffisante pour doubler l'indemnité parlementaire.

Quelques amateurs de publicité de mauvais aloi s'élèveraient contre cette mesure, mais la très grande majorité des membres des deux Chambres la rectifieraient avec la conviction qu'ils serviraient l'intérêt du régime et du pays.

G. Gerville Réache,
Député de la Guadeloupe.

*
* *

Je n'ai pas de renseignements particuliers à vous adresser concernant la situation pécuniaire faite actuellement aux sénateurs et aux députés.

Je ne sais à cet égard que ce que tout le monde répète : c'est que l'indemnité actuelle est bien modique pour vivre honorablement à Paris, ainsi que le veut la situation de représentant du Peuple.

Général Grévy,
Sénateur.

*
* *

L'indemnité parlementaire est indispensable dans une démocratie, parce qu'elle peut seule ouvrir à tous les citoyens l'accès de la représentation nationale. Tel est le principe.

S'ensuit-il que ce viatique doive être égal ou supérieur à l'émolument moyen d'un homme de quarante ans dans les professions dites libérales ? Je ne le crois pas, et j'estime que se placer à ce point de vue, c'est méconnaître le caractère propre de l'indemnité ou la confondre avec un traitement.

Il est puéril de penser que la dignité morale et sociale du législateur soit proportionnelle au taux de la rétribution. On pourra plutôt admettre le contraire, en se référant aux données de l'expérience dans les divers pays civilisés. Que cette rétribution ne devienne pas une prime à la cupidité ; qu'elle soit simplement adéquate aux frais normaux résultant, pour l'élu sans fortune, de l'exercice du mandat, voilà l'essentiel.

Assurément, en plus d'un cas, la modicité du subside implique pour le mandataire un sacrifice réel, sous forme de « manque à gagner ». N'en serait-il pas de même avec une indemnité double ou triple ? Et faudra-t-il, par exemple, compenser au Parlement les honoraires d'un chirurgien illustre, s'il lui arrive d'abandonner sa clientèle pour se mettre à légiférer ? Non. Personne n'est tenu d'accepter une charge par trop onéreuse, et dans les Parlements, pas plus qu'ailleurs, il n'est d'homme nécessaire.

Le problème est plus haut. Ce n'est pas l'indemnité parlementaire qui exige impérieusement une révision. Pour tout dire, il serait monstrueux, indécent, d'entamer par ce côté secondaire une grande réforme qui s'impose.

La révision des salaires de l'Etat sera générale, ou elle ne sera pas. Elle doit porter d'abord sur les traitements exagérés et abusifs, puis, sur les frais de service et d'apparat, qui devront être affectés à la fonction, indépendants du titulaire et mécaniquement appliqués à leur objet ; puis, sur l'unification des soldes civiles et militaires, avec minimum suffisant et maximum convenable dans tous les services.

Quand cette besogne élémentaire sera faite, et quand le Parlement aura pourvu à la retraite des vieillards, à l'entretien des infirmes, à l'éducation des petits, au dégrèvement des charges intolérables qui pèsent sur le travail, — alors, alors peut-être, il sera temps pour lui de songer à s'adjuger un supplément d'indemnité, s'il le croit utile et sage. Pas avant ! Pas avant !

PASCHAL GROUSSET,
Député de la Seine.

*
* *

Il est bien certain que je trouve l'indemnité des députés ridiculement basse pour un trop grand nombre des membres du Parlement.

GUIEYSSE,
Député du Morbihan,
Ancien ministre des Colonies.

*
* *

Je crois qu'il est matériellement impossible à un député chargé de famille de vivre avec son indemnité, car il lui faut loger à Paris et loger en province. Ajoutez à cela les frais de poste, les cotisations des cercles, sociétés dont le député doit faire partie, les souscriptions à verser et vous atteindrez vite le chiffre de 9.000 francs, avant même d'avoir abordé les petits détails de l'existence et les dépenses quotidiennes qui incombent à tout citoyen et sont importantes quand il faut faire bonne figure et que la famille est nombreuse. Je ne parle pas non plus des frais d'élection de plus en plus considérables et qui absorbent au moins une année d'indemnité.

Vous me demandez le remède ?

A mon avis, il est dans la diminution du nombre des députés.

A l'heure actuelle, les délibérations de la Chambre deviennent difficiles, parce que c'est la cohue, la foule, la réunion publique, c'est-à-dire le désordre et l'incohérence. La diminution du nombre des députés élèverait le niveau, rendrait le calme aux séances et permettrait d'améliorer la situation des parlementaires qui devraient être obligés d'être assidus aux séances, n'ayant plus l'obligation de chercher dans une autre profession les ressources nécessaires à la famille.

Chaque fois que, dans une réunion, j'expose cette idée, elle obtient toujours un grand succès.

A cette seule condition, selon moi, on relèvera le régime parlementaire.

J. GUILLEMET,
Député de la Vendée,
Questeur de la Chambre.

*
* *

Mon avis est qu'il ne devrait y avoir aucune rétribution. Mais, si on admet le principe d'une rétribution, que l'on ne s'arrête pas à une demi-mesure.

Il faudrait donner aux représentants du peuple *un traitement* qui les tienne à l'abri de toute tentation, et leur permette de se consacrer uniquement à l'accomplissement de leur mandat.

Dans cet ordre d'idées, je serais très partisan d'une réduction notable du nombre des députés ; les travaux parlementaires n'en souffriraient nullement, bien au contraire, et nous n'aurions besoin d'aucun impôt nouveau, pour donner à des législateurs scrupuleux les moyens de faire face honorablement aux charges que leur situation même leur impose.

JULES JALUZOT,
Député de la Nièvre.

* *

Une réforme électorale s'impose de plus en plus et vous avez bien raison d'en exposer les éléments. Il faut absolument épurer le suffrage universel et l'empêcher de tomber dans les luttes d'argent. Pourquoi de nombreux députés briguent-ils le mandat sénatorial. N'est-ce pas un peu pour la durée de neuf années et pour la diminution très sensible des frais d'élection, renouvelés tous les quatre ans.

Ce qui autrefois coûtait de 2.000 à 3.000 francs — nous avons fait pendant dix à quinze ans des élections à ce prix — coûte maintenant de 10 à 15.000, et je ne parle que des élections loyales et honnêtes. C'est donc 2.500 à 4.000 à prélever sur l'indemnité parlementaire chaque année. Avec les frais de correspondance, souscription, loyer à Paris, il ne reste absolument rien et le représentant qui n'a pas de fortune, est l'homme le plus malheureux du monde. J'ai fait souvent cette réflexion que les personnes à qui nous donnions des billets de séance venaient généralement en voiture, tandis que les députés arrivaient péniblement à pied, les bottes crottées. Il est certain que l'honnête homme restera toujours honnête et ne se plaindra même pas, puisqu'il savait ce qui l'attendait et qu'en outre le grand honneur d'être représentant doit un peu se payer; mais l'intérêt du pays et de la démocratie exige que tous les députés soient dans une position honorable et compatible avec les besoins du temps.

Un congrès électoral à Aix avait d'ailleurs émis le vœu du relèvement de l'indemnité. Pour réussir à la Chambre, puisque, hélas! il n'est tant de peureux qui n'osent pas voter au *scrutin public* ce qu'ils ont signé ou ce qu'ils désirent, il faudrait réunir les groupes de diverses nuances et convenir de voter le principe, à mains levées, pour faire inscrire ensuite au budget de 1902 — à l'usage de la future Chambre et la somme serait moins forte puisqu'elle ne porterait que sur huit mois pour la première année — une indemnité de 15.000 francs.

Je crois aussi que la durée de six ans avec renouvellement partiel serait une excellente réforme. Les quatre années sont réduites en réalité à deux ; la dernière étant trop dangereuse à cause des intérêts électoraux. Le renouvellement partiel, expérimenté avec succès au Sénat et dans les conseils généraux, diminuerait ces mouvements. Peut-on enfin espérer ramener le nombre des députés à 400 environ ?

Je n'ose insister sur ce point.

VICTOR LEYDET,
Sénateur des Bouches-du-Rhône.

*
* *

Est-il possible d'augmenter l'indemnité parlementaire ? Je ne le crois pas. Aucune dépense ne serait à mes yeux plus impopulaire et ses conséquences politiques pourraient être plus graves qu'on ne l'imagine. Il ne faut pas accroître la liste civile du Parlement, voilà ce qui m'apparaît avec évidence ; et si l'on tenait absolument à augmenter la part de chacun, il n'y aurait qu'un moyen de le faire sans soulever la réprobation générale, et, à défaut de pavés, les pommes cuites : ce serait de diminuer le nombre des partageants. Cette réforme serait d'ailleurs, par d'autres côtés, excellente, la Chambre ayant cessé d'être une Assemblée et n'étant plus qu'une cohue ; mais, par malheur, elle me paraît impraticable, car nul ne voudra diminuer le nombre des députés sans restreindre dans la même proportion celui des sénateurs, afin de ne pas détruire l'équilibre dans le prochain Congrès, et la loi électorale du Sénat rendrait indispensable — à cause du renouvellement partiel — la diminution des membres de la Haute-Assemblée. C'est un des nombreux casse-tête chinois que recèle la Constitution de 1875.

Je considère donc qu'il n'est pas possible d'augmenter l'indemnité parlementaire. Cette augmentation, cependant, est-elle désirable ? Je n'en suis pas sûr. Il est certain que le député, qui n'a d'autres ressources que cette indemnité, et qui a, d'autre part, la joie d'avoir plusieurs enfants, se trouve dans une situation très modeste, gênée même ; il est pauvre peut-on dire. Cela est un bien, car il est ainsi tenu de vivre chez lui, dans un cercle très restreint de relations, en dehors du luxe parisien ; et dans la grisaille de sa vie intime, les tentations ne s'offrent pas à lui. Assurez-lui, au contraire, une indemnité plus forte, rendez-lui la vie plus facile et plus large, ses mœurs changeront ; il fréquentera un autre monde, courra les cercles, les chasses, les salons. Ses besoins s'accroîtront plus encore que ses ressources ; il sera pris par le grand tourbillon, il deviendra l'homme à la conscience élastique, aux scrupules légers, à la morale complaisante, pirate distingué et souriant, forban en habit noir, qui pousse sur l'or de Paris comme champignons sur fumier. Laissez le député comme il est, car la majorité d'entre eux est — j'imagine ainsi — simple, modeste, effacé, gêné, vivant chichement, sans aucune honte de cette situation qu'il accepte, fier de sa pauvreté.

Si son indemnité était plus forte, le député tiendrait peut-être davantage à son mandat dont il espérerait un profit ; il y tiendrait trop ; il s'y accrocherait désespérément : il ne reculerait devant aucune compromission, aucune vilenie pour le conserver. Il n'est pas bon que la perte de son mandat ou son abandon volontaire apparaisse au député comme une catastrophe.

Et l'état de choses actuel a encore à mes yeux une fort heureuse conséquence ; il nous permet de dire avec l'absolue certitude de ne pas nous tromper : « Vous voyez celui-là ! Il est entré au Parlement, il y a quelques années, les poches vides ; il n'est pas commerçant, industriel, artiste, il n'a touché régulièrement d'autre argent que ses 25 francs par jour ; il n'a rien fait en dehors de la Chambre ou seulement a-t-il dirigé, ou en partie dirigé, un journal sans lecteurs qui coûte gros. Cependant, aujourd'hui, il vit sur le pied de 30.000 ou 50.000 francs par an. Il est à Nice en hiver, au Cap Nord en été, à cheval au bois le matin, le soir au théâtre, il a des bibelots rares dans son bureau et des chèques dans ses poches. Eh bien ! c'est un voleur, un voleur, un voleur ! » A ces mots, le public étonné s'arrête, se retourne et... s'incline très bas devant le fripon. Croyez-moi, c'est un spectacle qu'il nous faut maintenir.

Tout est-il pour le mieux cependant dans le meilleur des mondes ? Assurément non. Je sais des misères graves ; j'ai vu des hommes qui restèrent une partie de leur vie active au Parlement, où quelques-uns tinrent une place brillante ou utile, et qui, pour une raison quelconque, rentrèrent dans la vie privée sans force pour reprendre leur profession ancienne, et si lointaine déjà, trop vieux et trop las pour se remettre à un métier nouveau, trop probes pour avoir pu, durant leur vie politique, mettre un sac de côté, trop fiers pour tendre la main. Ceux-là connurent les pires angoisses de la faim, et c'est une honte pour la France. Que faire? Il faut écarter l'initiative du Gouvernement; tout ce qui vient de lui apparaît comme une humiliante rançon, s'il s'agit d'un adversaire, ou comme la rétribution des services particuliers, s'il s'agit d'un ami. C'est au Peuple, bon et généreux et dont l'âme est droite en dépit de ses défaillances, qu'il faut s'adresser : qu'un jury prononce.

La solution n'est pas aisée à déterminer. Vous avez bien raison de vous y intéresser, et je vous en félicite.

MIRMAN,
Député de la Marne.

*
* *

Notre indemnité n'est certainement pas en rapport avec les nécessités du temps présent et ne répond pas à la cherté actuelle de la vie dans une ville telle que Paris. Mais je ne puis admettre qu'il nous soit possible de prononcer ce relèvement, lorsque nous voyons tant de petits employés d'Etat pourvus d'infimes traitements, qui ne dépassent pas 1.200 francs et qui ont bien de la peine à vivre et à faire vivre leur famille. Je serai donc opposé au relèvement de notre indemnité, tant qu'il ne sera pas possible de remédier à des situations telles que celles que je viens d'indiquer.

ODILON-BARROT,
Député de l'Ardèche.

*
* *

La députation ne change pas la situation sociale d'un citoyen. Celui-ci reste, après son élection, ce qu'il était la veille ; et la perte de son mandat ne diminue pas sa situation sociale.

Si vous voulez parler des difficultés que lui crée l'insuffisance de son indemnité, je vous répondrai qu'à mes yeux une indemnité de 9.000 francs, à laquelle s'ajoute un parcours à peu près gratuit sur les chemins de fer, me paraît suffisante pour un régime démocratique.

JACQUES PIOU,
Député de la Haute-Garonne.

*
* *

Moins de députés, des sessions plus courtes, une indemnité élevée, voilà mon avis ; mais je crains bien qu'on ne le suive pas.

R. POINCARÉ,
Député, ancien ministre.

*
* *

Qu'on augmente l'indemnité des députés, cela ne changera rien ou peu de chose. Je préférerais, pour ma part, que l'indemnité restât ce qu'elle est et que les sessions fussent plus courtes. Cela permettrait aux hommes qui ont une profession autre que la politique d'accepter un mandat de député. Tout le monde y gagnerait, sauf quelques politiciens.

RIBOT,
Député du Pas-de-Calais,
Ancien Président du Conseil.

*
* *

Vous me demandez mon opinion sur la situation sociale faite actuellement aux membres du Parlement, et quels seraient les moyens propres à remédier au mal.

Le mal est double: politique et social. Les chambres sont trop nombreuses, et les sénateurs et les députés reçoivent une indemnité insuffisante. Le remède à ce double mal consiste, selon moi, à diminuer de moitié le nombre des membres du Parlement, et à doubler par contre leur indemnité.

Dans ces conditions, les sénateurs et les députés seraient plus indépendants et pourraient consacrer tout leur temps à la chose publique; le budget n'aurait aucune charge supplémentaire à supporter enfin, les discussions, moins bruyantes et moins confuses, permettraient de faire, en beaucoup moins de temps, une besogne plus utile.

Si nous voulons que le pays ne se désaffectionne pas davantage du régime parlementaire, il me paraît urgent d'y apporter les modifications que je viens d'indiquer, qui, à elles seules, suffisent pour améliorer la situation.

JULES SIEGFRIED,
Ancien ministre.

CHAPITRE VII

Le Prolétariat Français aux Colonies

On a généralement l'habitude de considérer les colonies comme des pays neufs et de séjour provisoire. Le prolétariat, maladie caractéristique des pays de civilisation intensive et des grandes métropoles, semble donc devoir y être quelque chose de presque inconnu ou du moins de très restreint, à peu près comme est le phylloxera pour les vignobles algériens ou tunisiens. Mais, au contraire de l'opinion courante, quelques-unes de nos colonies sont des pays de très vieille civilisation et dans les salons créoles des Mascareignes et des Antilles fleurissent tout naturellement, importés au XVIIIe siècle et merveilleusement conservés, les mœurs raffinées et les préjugés de race auxquels s'étudient avec assiduité les parvenus de la haute société parisienne. D'autre part, ceux qui émigrent dans nos nouvelles colonies ne proviennent point, pour le plus grand nombre, de ce que l'on appelle les couches neuves de la nation, mais ce sont ceux qui sont déjà lassés, usés par la civilisation métropolitaine, ceux dont les feux de la rampe ont fatigué les yeux et chauvi les crânes ; encore ce sont bien plutôt les citadins que les campagnards.

Or, qu'est-ce, à vrai dire, que le prolétariat ? Prenez bien garde que prolétaire et miséreux ne sont pas du tout synonymes. Il y a des familles qui ont 3.000 francs pour vivre par an et qui ne sont point du prolétariat. Au contraire, certains individus qui ont 10.000 francs de rente sont des prolétaires. Le prolétaire est celui qui n'a pas assez de l'argent qu'il gagne pour satisfaire à ses besoins impérieux. Diogène n'est pas un prolétaire. Les 9/10 de nos écrivains à la mode les mieux payés sont des prolétaires. La misère s'apparente davantage aux maladies *humaines,* le prolétariat est essentiellement un mal *social*, plus terrible encore aux colonies où le climat énerve en même temps les organismes et les vanités.

Il y a donc prolétariat aux colonies comme en

France, et il y en a même davantage qu'en France, car l'on n'y retrouve point seulement les diverses espèces de la flore sociale européenne, mais encore des espèces indigènes, essentiellement originales, curieuses pour le sociologue comme les orchidées pour le naturaliste.

Et il est bien entendu que nous nous occuperons uniquement ici du prolétariat des Français établis aux colonies ou des créoles, nullement de celui des indigènes que gouvernent nos administrateurs ou résidents. Ce serait trop grosse besogne, et toute différente, aussi compliquée que complexe, qui nécessiterait des articles absolument spéciaux à chaque colonie, besogne d'ailleurs qui a déjà été plus ou moins directement faite dans de gros volumes dont il faut citer comme types le consciencieux : *Algérie*, de M. Louis Vignon, et les remarquables ouvrages de M. de Lanessan sur la Tunisie et l'Indo-Chine. On s'est, au contraire, très peu occupé du sort des Français aux colonies, et c'est à peine si, en parcourant les cent plus importants volumes écrits à leur sujet, on trouvera épars quelques renseignements utiles.

I

Pour les diverses sortes de prolétariat communes à la métropole et aux colonies, je me conformerai à l'ordre de classification suivi par M. Henry Bérenger (1).

1° LES MÉDECINS. — Il y a, à très peu près, la même pléthore de mauvais médecins dans nos vieilles colonies qu'en France ; les conditions d'existence et de clientèle sont identiques, et la lutte contre les sorciers dispensateurs de *Siguidys* (sorts) n'est pas plus vive dans les champs des vieilles colonies que contre les rebouteux dans les campagnes de France. Il y aurait même plutôt avantage pour les médecins coloniaux qui ont bien plus de crédit auprès des coolies que leurs confrères de France auprès des paysans des Ardennes ou des Pyrénées. Leurs ennemis les plus dangereux sont encore les magnétiseurs mulâtres, baptisés du nom pittoresque de médecins marrons, à qui vont les gros sous des humbles, voire la confiance monnayée de la société cultivée.

(1) Dans le premier chapitre du présent volume.

La concurrence entre seuls confrères est déjà assez âpre. Aux Antilles et aux Mascareignes, il y a en moyenne un médecin par 5.000 habitants (encore faudrait-il déduire de ces chiffres la part proportionnelle de soldats et employés de compagnies). Ces chiffres n'ont sans doute rien d'effrayant si l'on considère qu'à Paris il y a un médecin par 1.000 habitants et en province 1 par 3.500 à peu près. Mais le praticien des colonies est obligé à de bien plus grosses dépenses : attelage d'entretien très coûteux, achat et entretien d'appareils *pour toutes spécialités,* etc., toutes choses dont le prix souvent quintuple aux colonies. Aussi gagne-t-il juste de quoi nouer les deux bouts : pour avoir le superflu *nécessaire,* plus que partout ailleurs, en ces milieux superficiels, le décorum exigé des vanités bien payantes, il doit quêter un emploi officiel, se mettre donc à la merci des politiciens, devenir politicien. Mais il y a cercle vicieux : on ne le payait déjà pas beaucoup, on ne veut maintenant plus le payer que de suffrages.

Dans les colonies nouvelles, la place est plus

(2) C'est le nom donné dans les colonies à ceux qui exercent un métier en marge de la légalité. Exemples : *avocat marron :* plaideur devant le juge de paix : *courtier marron :* agent d'affaires véreuses, entremetteur, etc.

large. A Madagascar on demande partout des
médecins ; à Tamatave même, qui est la ville où
il reste le moins à faire, qui est presque un asile
de prolétaires, un médecin peut se faire dans les
10 ou 20.000 francs par an. En Indo-Chine, il y a
de la place pour un grand nombre de médecins.
L'Etat lui-même devrait y favoriser leur venue en
soumettant à un contrôle plus sévère les praticiens
indigènes : n'est-il pas assez extraordinaire que,
dans notre vieille possession de Saïgon où pourtant les interprètes abondent, il y ait encore 5
« médecins » chinois contre 2 européens, que le
nombre s'en soit même augmenté dans les quinze
dernières années (3 seulement en 1885) et qu'à
telle autre ville comme Cho-Lon il y ait 25 médecins chinois et pas un européen ?

Mais la plus redoutable concurrence pour les
médecins civils européens est celle des médecins
militaires qui ont toute la clientèle civile dans des
villes comme Diego-Suarez et Hai-phong.

Pour les pharmaciens, la situation est bien plus
pénible ; dans les vieilles colonies il y a une
concurrence effrénée : 7 ou 8 pour une ville de
30.000 habitants. Et les pharmaciens doivent
centraliser dans les arrière-magasins de leurs
officines de véritables cargaisons de médicaments

de toute sorte, aucune colonie n'ayant d'entrepôt
en gros ; et l'on sait ce que coûtent les spécialités
et l'éphémérité de leur vogue. Il faut donc un
capital d'au moins 30 à 50.000 francs pour
monter une pharmacie médiocre et encore le
pharmacien est-il exposé à de grosses pertes, la
vogue d'une spécialité étant tombée entre la
commande et la réception. De tout cela le public
paie les conséquences : pour ne pas faire faillite,
le pharmacien lui vend au quintuple ou souvent
au décuple du prix coûtant : 1 gramme de quinine
qui vaut en fabrique environ 0 fr. 05 se paie de
0 fr. 50 à 1 franc dans des pays où ce médicament
est constamment prescrit aux plus pauvres. Le mal
n'est pas sans remède : les pharmaciens ont le plus
grand intérêt à se syndiquer pour avoir un
entrepôt général et défendre leurs intérêts
communs. Malheureusement lesvertus d'entente
et l'intelligence d'association dépérissent sous les
cieux ardents des tropiques : les syndicats les
mieux organisés ne durent pas plus de quelques
mois et aucun d'eux n'a encore réussi à empêcher
la vente illicite des médicaments par les négociants
et les boutiquiers. Ce sont souvent les Chinois
cabaretiers qui vendent la quinine, les purgatifs
brevetés et les sirops médicinaux, non seulement

en flacons cachetés, mais en portions plus ou moins frelatées. Et cependant le pharmacien paie une patente considérable. Aussi le métier n'est-il plus tenable et beaucoup de praticiens sont-ils couramment accusés de ne mettre dans les potions magistrales que la moitié des quantités marquées sur l'ordonnance. Les faillites ne sont pas rares.

2° AVOCATS ET MAGISTRATS. — Il y a dix ou douze ans, la licence en droit, donnait droit, l'expression était juste, à un bon poste quelconque aux colonies ; aujourd'hui elle n'est plus que le parchemin indispensable à tout individu « poussé » par de puissants « pistons ». Déjà nombre de licenciés doivent se contenter d'une place de pion. Les avocats pullulent. Il y en a 10 à la Pointe-à-Pitre pour 18.000 habitants et 14 à Fort-de-France pour 15.000 habitants. En général il y en a 3/10 qui font assez bien leurs affaires ; 5 au moins ne gagnent pas les 4.000 francs nécessaires à vivre avec une femme et un enfant. Les 3/4 se jettent dans la politique, échouent en quelque conseil municipal qu'ils ensablent de leurs idées et envasent de leur prétention. Encore ils courent la dot, oiseau rare et de terne plumage ; dépités, les voilà pour toujours célibataires, qui traînent dans la vie publique leur caractère aigri, leur cœur desséché et leur moralité stérile. Enfin un certain nombre se transporte des vieilles aux nouvelles colonies où, la faim déjà aiguisée par l'insuccès, ils trouvent vite à tirer parti du caractère processif des indigènes. A Madagascar notamment, ils savent l'entretenir avec quelque habileté superflue ; le général Gallieni s'en plaint assez amèrement. (Rapport général, *J. O.*, mai-juin 1899).

Les magistrats sont bien mieux partagés. Presque partout la solde est rondelette et la rondeur du ventre, motif à surnoms ingénieux, en témoigne. Ils sont les plus aisés des colonies et l'objet des désirs maternels et des convoitises matrimoniales. La profession est indiquée par tout bon bourgeois à son fils avant toute autre. Un procureur général touche de 16.000 à 20.000, un conseiller de cour d'appel ou un procureur de la République de 7 à 12.000, un juge d'instruction 7.000, un juge suppléant de 4 à 6.000, somme déjà bien suffisante aux colonies pour un jeune ménage. Et les traitements des nouvelles colonies telle que Madagascar sont bien supérieurs. Les juges de paix, ainsi qu'en France, sont au contraire de véritables prolétaires ; ils ne sont pas seulement tenus à expédier les petites affaires courantes, mais à représenter la justice, les pouvoirs officiels et les vertus républicaines dans leurs petites villes ou bourgs ; surtout dans ces pays lointains, ils sont en quelque sorte revêtus d'une dignité sociale, d'une magistrature morale municipale, curés laïques. Et presque toujours âgés et entourés de famille, ainsi qu'il convient d'ailleurs au caractère de leurs fonctions, ils n'ont le plus souvent que 4000 francs. Les voilà obligés de se créer un casuel.

3° ENSEIGNEMENT PUBLIC. — Les professeurs ont largement de quoi vivre ; il convient seulement de signaler que, sur les paquebots, les agrégés de l'Université sont placés par le gouvernement dans une situation inférieure à celle du moindre sous-lieutenant ou aide-commissaire, ce qui est au moins anormal. — Depuis deux ou trois ans, les répétiteurs jouissent d'une situation supérieure ; sans doute encore la solde de première classe n'est point un idéal pécuniaire, mais longtemps ce métier gardera un caractère de provisoire, sera une sorte de surnumérariat précédant le professorat, et c'est d'un autre côté que doivent converger les efforts réformateurs. — Bien plus intéressants, en effet, sont les instituteurs primaires, dont l'œuvre est aux colonies la plus délicate de toutes. Ils sont chargés d'éduquer la masse, de la franciser. Ils doivent l'initier à la morale, en constituer une base sociale. Et le sort qui leur est fait à eux-mêmes est misérable. C'est tout juste s'ils ont de quoi vivre. Surtout dans les nouvelles colonies, rien n'est plus dangereux. Quel respect les indigènes peuvent-ils avoir pour le culte nouveau de la science, quand ils voient traités en inférieurs ceux-là mêmes qui en sont comme les prêtres !

Quant à l'institutrice, elle a juste de quoi s'acheter quelques robes ; elle peut à peine se nourrir. Elle est condamnée aux aigreurs du célibat et ne pourrait trouver quelque soulagement pécuniaire qu'en des complaisances consenties aux personnages haut placés. De violentes campagnes ont été à plusieurs reprises menées contre certains vice-recteurs, dans les feuilles locales, à propos de déplacements d'institutrices honnêtes. Ce sont d'ailleurs, en général, des jeunes femmes de grande valeur, intelligentes et dévouées, et incroyablement ingénieuses à se contenter de leur plus que médiocre traitement. Absolument rien de commun avec les institutrices de France que, d'un crayon aiguisé comme une canine, Willy croqua en sa *Claudine à l'école*. Les demandes d'emploi n'en sont

pas moins innombrables : c'est à peu près le seul métier décemment rétribué qui s'offre aux jeunes filles
sans cesse plus nombreuses munies de leur brevet.
Dans les magasins de modes auxquels elles doivent se résigner le plus souvent, elles ont une
vingtaine de francs par mois et un repas quotidien,
de même dans les pensions laïques où elles ont pu
obtenir un poste de sous-maîtresse. Et malheureusement l'administration ne fait rien de ce
qu'elle pourrait et devrait en faveur des postulan-
tes : par une véritable violation de loi, elle
appelle de France des congréganistes, alors que,
d'après tous les rapoports des chefs de service,
appuyés sur des résultats d'examens, les méthodes employées par les laïques donnent de
bien meilleurs résultats. La loi violée est
celle du 30 octobre 1886 sur la laïcisation du
personnel des écoles primaires, qui fut promulguée
aux colonies par décret du 30 septembre 1890 et
pour l'application de laquelle M. René Goblet
avait donné de minutieuses instructions par une
circulaire du 3 décembre 1886. Elle dit entre
autres choses qu'au cas de création d'emploi nouveau dans les écoles primaires publiques congréganistes actuellement existantes, des laïques seuls
peuvent être nommés. Or, à la Réunion, en 1896,

malgré 130 demandes de jeunes filles brevetées, le chef de service de l'instruction publique a fait demander en France des sœurs qui sont venues *aux frais de la colonie*. En 1897, pareille demande a été faite et suivie d'exécution. En 1900, il y a encore 83 institutrices congréganistes à la Réunion dans les écoles publiques de filles. Les postes d'instituteurs ne sont pas moins vivement quémandés. Les normaliens en doivent attendre un durant deux ou trois ans, dans un état voisin de la mendicité, réduits à travailler chez un Arabe ou un boutiquier chinois qui leur donne 40 à 50 francs par mois pour faire des chiffres et la correspondance. Je n'ai pas besoin de dire quelle haute étude de moralité est le petit commerce de ces étrangers. J'ai connu un instituteur primaire qui avait dû, en attendant une place, se faire conducteur de charrette à cannes, métier réservé aux immigrants hindous, et c'est en telle compagnie qu'on vint annoncer sa nomination à ce moderne et modeste Cincinnatus. — Enfin, il y a un prolétariat de bacheliers depuis 1890 environ, surtout aux Mascareignes, le gouverneur de la Cochinchine ayant prié celui de la Réunion de mettre fin au mouvement d'émigration des jeunes gens créoles. L'exode s'en dut arrêter qui maintenant a repris vers Madagascar. Mais beaucoup n'y peuvent aller, affaiblis par de longues et fastidieuses études, préparés à tout autre chose qu'aux rudes métiers pratiques jusqu'ici seulement inaugurés dans la grande île. Ils sont même impropres aux nouveaux emplois que crée et créera en grand nombre le service de l'Instruction publique à Madagascar, le général Gallieni imprimant, par une grande intelligence des besoins du pays et des vertus de la race malaise, un caractère tout pratique et professionnel à l'enseignement des indigènes.

Il y a voire, depuis trois ou quatre ans, un prolétariat de licenciés, bien que les colonies en fournissent moins qu'elles n'en emploient. Mais les postes sont encombrés par les créatures ministérielles. On voit déjà plusieurs licenciés réduits au répétitorat, et on sait ce que coûte à un colonial l'obtention d'un titre : voyages et établissement à 2 ou 3.000 lieues de la famille, entretien particulièrement soigneux pour tempéraments délicats, etc., *au moins* de 5 à 8.000 francs. Le remède est aisé : réserver jusqu'à carence les postes des colonies aux coloniaux, en leur laissant seulement toute liberté de permuter avec un Européen lorsqu'ils désireront exercer en France pour commodité de travail ou autre raison.

4° INGÉNIEURS. — Pour cette profession comme pour les autres, c'est depuis une dizaine d'années environ qu'il y a prolétariat. C'est-à-dire depuis que les classes de citoyens nés sous la République et ayant pu bénéficier des lois scolaires sont arrivées à la maturité. Les lycées coloniaux fournissant un plus grand nombre de bacheliers, plus de créoles vont chercher des titres en France et on s'habitue à les employer, à leur retour, de préférence aux Européens munis de mêmes diplômes, mais en leur donnant des traitements moindres, sous prétexte qu'ils sont du pays et qu'on n'a donc pas à les dédommager de s'être expatriés. Un ingénieur à qui son titre a souvent coûté de 10 à 15.000 francs d'entretien dans la métropole n'a pas plus de 4 à 5.000 francs d'appointements, ce que gagne dans l'administration un fils-à-papa au bout de trois ou quatre ans. Et la condition morale est très dure : le gros propriétaire qui le paie de moins en moins s'habitue de plus en plus à regarder l'ingénieur comme un contre-maître, un domestique, — un vrai prolétaire.

On en pourrait dire autant des agronomes. Aux uns comme aux autres d'ailleurs, on ne peut le nier, fait défaut un supplément descience spéciale. Ils ont appris à cultiver le blé ou à travailler dans des minoteries, et se trouvent devant des champs de cannes ou des féculeries de manioc. Probablement se relèverait la condition de ceux qui auraient passé par une école d'application d'agriculture ou d'industries coloniales.

5° Armée. — L'officier se trouve dans une situation beaucoup plus avantageuse qu'en France, surtout dans les nouvelles colonies, où, à part les villes principales (Dakar, Tamatave, Hanoï), il n'y a pas de société cultivée, partant pas de frais de représentation. S'il ne fait pas d'économies, c'est qu'il passe au moins cinq ou six heures par jour au café, devant les cartes ou les absinthes. Les officiers mariés, à moins de s'être mariés déjà arrivés au grade de capitaine, sont toujours plus ou moins prolétaires, bien qu'ils aient, par obligation légale, épousé une dot et peut-être même pour cela : car les jeunes filles qu'ils épousent ordinairement, les coureuses d'officiers, comme on dit au colonies, et qui forment une catégorie à part, leur apportent avec leur 25 ou 50.000 francs ordinaires, de fringants désirs, de grands et gros besoins, une frivolité à toute épreuve, une constante médiocrité qui veut sans cesse se redorer.

Il y a même — ce qui n'existe point en France — un prolétariat de soldats, je veux parler des jeunes gens d'Europe, de complexions et de goûts délicats, qui ne peuvent, sous la dureté de tels cieux africains, ou sous la grisante volupté de tels autres, s'astreindre aux mêmes privations qu'en France et qui ne trouvent point aux lointaines contrées, des plaisirs aussi abondants et gratuits, — d'autant plus à plaindre que les gracieusetés des « Dames de France » ne leur parviennent presque jamais. Une discipline rigoureuse les astreint à de rudes services, leur santé est très souvent compromise et le commandement, loin de s'ingénier à leur trouver quelque compensation, ne leur témoigne que dédain et dureté. Il en va tout autrement dans les colonies anglaises. Dans quelques unes, « les Anglais donnent à leurs soldats un superflu qui nous étonne. A Hong-Kong, par exemple, les salles de gardes et et les chambres sont munies de pancas que des coolies font mouvoir pendant les fortes chaleurs de la journée et de la nuit, au-dessus des soldats européens endormis (1) ». Ceci simplement pour indication et examen.

(1) Lanessan, *l'Indo-Chine*, p. 192. Lire sur le sort fait aux soldats coloniaux les articles de Jean Hess.

6° Fonctionnaires. — Les fonctionnaires européens s'accommodent assez aisément de leur solde coloniale. Ayant déjà fourni en général un assez long temps de service en France, ils sont habitués à un moindre traitement, savent jouir du supplément, gardent les habitudes d'économie contractées en France, soutenus au reste par une « provision » de santé que n'épuise pas trop vite le climat tropical. Ceux qui sont envoyés au Sénégal, en Guyane et autres « mauvaises colonies » obtiennent de fréquents congés. Et si quelques-uns se plaignent, c'est par frime, pour obtenir de l'avancement. Entre amis, ils chantent les douceurs du fonctionnarisme (1). Au contraire, les fonctionnaires créoles sont indéniablement des prolétaires, anémiés par un mépris héréditaire de toute hygiène, dès l'enfance affaiblis par le climat, habitués à se

(1) « Nos colonies elles-mêmes, écrivait excellement Henry Bérenger (*Revue des Revues*, 1er février 1898, p. 137), sont déjà pourries par le prolétariat intellectuel. Rien de plus instructif à ce sujet que l'*Annuaire des fonctionnaires coloniaux*. Tel village du Soudan ou de Madagascar, où il y a peut-être 2.000 nègres, est exploité par 200 petits fonctionnaires, qui sont d'anciens candidats non placés en France. Dernièrement, je rencontre sur le boulevard un ancien camarade d'université, licencié en droit qui, crevant de faim sur le pavé de Paris, s'était fait *reporter* dans un grand journal en attendant « une place » au budget. Il m'annonça, le sourire aux lèvres, qu'on venait de le bombarder *receveur des douanes* en Indo-Chine ! Ainsi nos colonies, qui devaient

faire servir par cinq ou six domestiques, et à cette vie large et désordonnée que dépensèrent sans compter leurs pères, anciens riches propriétaires d'esclaves. Les mulâtres encore davantage, par leur éternel besoin de percer, de « représenter », de se blanchir de la mousse des vins fins et de l'écume des désirs coûteux.

Nous n'avons pas besoin de dire que, sous la fécondité des cieux tropicaux, il y a surproduction de ce qu'Edmond About appelait les candidats au surnumérariat, lequel surnumérariat est lui-même la condition des candidats aux emplois publics. Et surnumérariat implique prolétariat, surtout aux colonies où l'on vit encore à peu près la vie du XVIIIe siècle, lourde d'obligations et embarassée de préjugés. Les familles de la société pour qui commercer continue à déroger, veulent toutes caser leurs enfants dans l'administration ; et jusqu'à ce qu'ils aient obtenu de suffisants appointements, ce sont les privations incessantes : on mange morue grillée et riz sec, réservant l'argent pour le décor

être les champs de notre activité commerciale et industrielle, deviennent le déversoir continu de la surproduction universitaire ». Il est superflu de faire remarquer que ces nouveaux fonctionnaires sortent, dès leur nomination, du prolétariat. Le mal dont il y a à s'occuper ici, n'est plus le prolétariat, mais le fonctionnarisme.

et le décorum ? De là, santé énervée, émaciement des faces et des consciences. La race jadis si vigoureuse va s'étiolant sans cesse davantage.

Depuis quelque temps, la morale se relève à la dure école de la misère. Les préjugés tombent un à un : « les jeunes gens de famille » s'acheminent aux rudes métiers ; les jeunes filles, de moralité bien supérieure, sollicitent, beaucoup plus nombreuses et courageuses, les postes de toute sorte. Un conseiller général obtint il y a quelque quinze ans, l'admission de femmes qui, depuis, occupent presque tous les bureaux de poste, ceux de quelques administrations semi-officielles (trésoreries, etc.). Mais tout cela, c'est encore si peu.

Quelques mesures intelligentes semblent pouvoir être de salutaire effet. On devrait attribuer à la création d'écoles professionnelles une notable partie du budget de l'instruction publique. Quelques-unes des bourses près des lycées seraient ré-

(1) Anecdote : Une dame de la société s'était plainte à une amie d'être réduite à manger de la morue grillée et du riz sec. La conversation se distrait à d'autres sujets : on parle de la troupe théâtrale qui venait d'arriver : « Ah ! ma chère, dit-elle, dans un élan de ravissement, mon fils l'a pris à moi un abonnement pour la saison. » (Les dames créoles parlent souvent le patois). Beaucoup de dames, lors de l'arrivée des troupes, vendent leurs couverts d'argent, reste de vieilles fortunes. Et pendant qu'il y a théâtre, on prend à crédit chez les fournisseurs.

servées pour ces écoles. On aurait plus de contre-
maîtres et moins de bacheliers, par suite moins de
prolétaires assiégeant l'administration en quête de
places et l'obligeant à créer d'innombrables petites
sinécures. Les places étant réduites à un tiers, les
employés seraient deux fois mieux payés. Ceci a
d'ailleurs été nettement formulé par des assemblées compétentes. « La colonie qui fait tant de
sacrifices pour l'Instruction publique n'a retiré
qu'un résultat négatif ou même nuisible. L'instruction devrait être professionnelle, de façon à
faire des citoyens utiles à eux-mêmes et à la com-
munauté, alors qu'aujourd'hui, telle qu'elle est donnée, l'instruction produit des déclassés qui assiègent
l'administration pour des demandes d'emploi et
l'obtention d'une sinécure administrative. » (1)
(Rapport de la commission chargée d'étudier la
réponse à faire à la circulaire du ministre des Colonies en date du 23 juin 1894, émanant du syndicat central agricole de l'île de la Réunion.

Parmi les petits fonctionnaires, quelques-uns
attirent plus particulièrement la sympathie. Il n'y
a point sous le ciel tour à tour brasérien et dilu-
vien des colonies de plus rude métier, que celui

____

(1) Cité dans l'*Economiste français* du 19 janvier 1859.

de mécanicien et surtout de chauffeur (chemin de fer de l'Etat). Un chauffeur y gagne dans les 150 francs par mois et n'a pas même de repos dominical. Au bout de huit ans le plus solide est fourbu. Et notez que ce ne doit pas être un ignare, car il a à remplacer momentanément le mécanicien, — dans ces pays où l'économie est forcée.

Les facteurs ne sont pas moins à plaindre. Quelques-uns ont à faire des 70 kilomètres tous les deux jours en pays de montagnes élevées de 1.000 à 2.000 mètres et entrecoupés de ravins profonds comme des canons. Aussi les hommes d'âge moyen peuvent-ils seuls tenter ce métier, c'est-à-dire des pères de famille. Et ils ont de 75 à 100 francs par mois.

A un autre point de vue les gardes de polices municipales reçoivent également des soldes d'une indécente maigreur. Aussi ne peut-on les recruter que parmi les illettrés, et méritent-ils souvent de s'entreconduire les uns les autres en correctionnelle.

7° PROFESSIONS ARTISTIQUES ET INDUSTRIELLES. — Nous parlerons plus loin des journalistes et publicistes. — Les acteurs des troupes ambulantes reçoivent d'infimes traitements et sont obligés de gagner les suppléments nécessaires par tous les moyens que l'art et l'industrie peuvent fournir en l'an de grâce 1901. Cela a un double effet : exemple de mœurs déplorables, discrédit jeté sur *tous ceux* qui vivent de l'art et par suite sur l'art lui-même, impuissant à nourrir ses fidèles, et déjà si peu en honneur aux colonies.

Les architectes et entrepreneurs brassent de grosses affaires lors des constructions de villes nouvelles (1) (notamment à Tamatave, Hanoï et Haïphong), prennent des habitudes de luxe ; puis nécessaire chômage et ruine pour qui, trop fatigué, plutôt que de courir en quelque nouvelle colonie, s'entête à demeurer au lieu où il s'établit.

8° POLITICIENS. — Depuis 4 ou 5 ans, à la suite de difficultés entre gouverneur et assemblées locales, on a supprimé les honoraires des maires auxquels jusque-là les conseils allouaient de 4000 à 12 000 francs. Ce fut une grosse faute de l'administration locale supérieure. Les « capacités » sont rares aux colonies, l'élite intellectuelle émigrant vers la France. Les seuls qui pourraient s'occuper avec compétence des intérêts publics sont toujours pau-

(1) Voir Ferry. *Le Tonkin et la mère-patrie*, p. 325.

vres dans un pays où il n'y a guère que des pauvres et où les quelques riches sont de rares exceptions, de gros propriétaires bourgeois abêtis d'égoïsme. Les fonctions municipales ont donc quelque chance d'être remplies ou par quelques béotiens plus ou moins décoratifs ou par des personnages besogneux, cupides et intrigants, uniquement soucieux d'intérêts d'amis reconnaissants. L'un des échevins les plus considérés d'une capitale des colonies purge en ce moment une bénigne condamnation pour incendie à la veille de faillite frauduleuse, de ses magasins assurés : il n'en était pas à son coup d'essai et ne fut pris cette fois que pour avoir payé de trop d'audace, grisé d'émulation (1).

9° CULTIVATEURS. — *a)* Les grands planteurs se plaignent universellement d'être réduits à la misère et leurs voix grassement influentes ont des échos dans les revues européennes : articles de MM. Paul Leroy-Beaulieu, de Voguë, etc. En réalité, tous ceux qui ont bien voulu sortir

(1) Au cours d'un voyage à Paris en 1899, un gouverneur colonial, M. Beauchamp, aurait demandé l'assimiliation des vieilles colonies à l'Algérie où les maires ont une indemnité. (Sous réserve).

quelque peu de la routine où s'enlisent toutes les intelligences créoles, font assez bien leurs affaires, et les chiffres publiés à la Chambre par MM. Gerville-Réache et Fournière, lors de l'interpellation sur les événements de la Martinique, sont assez probants ; mais on veut continuer à vivre sur le même pied que les planteurs d'avant 1848. Toute opération qui ne rapporte point d'usuraires dividendes est proclamée exécrable. Qui possède un terrain d'une centaine de mille francs se croit obligé à tenir rang de prince. L'extrême versatilité des cours du café et de la canne, que l'abandon définitif du système des monocultures permettrait de sentir moins, ballotte le propriétaire entre des hausses et des baisses extrêmes. La boussole des fortunes et des budgets s'affole. Le cultivateur expérimente l'âme fiévreuse du spéculateur, connaît l'avidité des gains rapides, méprise la sagesse des opérations sûres mais lentes, devient âpre jouisseur. Il prend les habitudes ruineuses aux années de prospérité qui feront plus malaisées celles de perte.

Les petits planteurs subissent la loi des grands planteurs qui sont en même temps les usiniers de la région et, avec leur loi. leurs vexations : le Crédit Foncier surtout ne les ménage point, les pri-

vant d'eau, leur coupant les communications (1).
Ils éprouvent encore les contre-coups de l'incurie
des grandes maisons d'expédition : la valeur des
produits baisse souvent de moitié. La marque de
géranium de la Réunion a été dépréciée, l'envoi
d'un des grands propriétaires de l'île s'étant abîmé
par suite de déplorable estagnonnage. La mésen-
tente des innombrables producteurs de café est
cause de la baisse de l'espèce bourbon (comme,
je crois, celle des sucriers pour le rhum martini-
quais) ; un syndicat eût été puissant, capable de
lutter avec les importantes maisons étrangères et,
d'autre part, ayant adopté une marque unique et
garantie, l'eût imposée sur les marchés et eût empêché la fraude, le mélange qui, plus que tout
autre chose, a « tué » ce produit. Encore un autre
facteur de prolétariat est l'ignorance entêtée des
petits cultivateurs qui continuent à user de cente-
naires procédés, dédaigneux des éléments d'agro-
nomie et confiant en la bonne nature. Aussi presque tous sont-ils bientôt forcés de vendre leurs
petits morceaux de terrain et d'aller chercher du
travail en ville où ils augmentent le prolétariat

(1) Louis Brunet, député.

ouvrier, « n'ayant pas le cœur » de remuer la terre d'autrui.

Les journaliers sont misérables. Les propriétaires qui, conseillers généraux ou municipaux, ont la main lourde dans la répartition du budget local, obtiennent d'employer une part importante des ressources communes à favoriser l'immigration d'Hindous, de Chinois ou Madécasses, qu'ainsi ils paient de salaires dérisoires. Ainsi comme l'a démontré M. de Molinari (à *Panama*) le nègre paie les frais de l'immigration. Cette concurrence tue le journalier créole, déracine le petit planteur autochtone, le dégoûte de l'agriculture, préparant de la sorte la ruine des colonies. A la Réunion le petit planteur créole disparaît devant le Crédit Foncier ou les autres grands propriétaires comme le Maori devant l'Anglais. Ceux qui ont pu résister jusqu'aujourd'hui, repoussés dans les montagnes, ont à peine de quoi nourrir leur progéniture, si intéressante pourtant à tous les points de vue, par leurs mœurs originales autant que par leur prolificité qui empêche seule la dépopulation de l'île. Le journalier doit se satisfaire d'un plus que médiocre salaire, presq ue autant qu'aux Antilles. A la Martinique, il existe une des formes les plus nettes de prolétariat et qui mériterait d'être prise comme type de définition : avant 1884, l'ouvrier touchait de 1 fr. 50 à 2 fr. 50 par jour, et ce salaire a été brusquement ramené à 1 franc, et même à 0 fr. 75, cela pour le surplus coïncidant avec une augmentation de travail, des retenues de solde, l'obligation de se servir d'une monnaie émise par les usiniers « sans droit et contre toute légalité » et de s'approvisionner dans les boutiques qui appartiennent aux usiniers (1). En résumé le salaire était nominalement réduit de moitié et en fait des deux tiers, alors que les besoins doublaient avec l'affaiblissement progressif des santés. A la Guadeloupe, d'après son député, M. Gerville-Réache, qui, lors de la récente interpellation sur les affaires de la Martinique, prit contre le député nationaliste Duquesnay la défense du prolétariat antillais, avec un tact, une justice et une habileté qui méritèrent de plaire à tous les partis, « la population laborieuse touchait un salaire maximum de 1 fr. 25 et se trouvait pour vivre dans

(1) Voir le discours de M. Gerville-Réache à l'*Officiel* du 23 mars 1900. Dans la même séance de la Chambre, M. E. Fournière a parlé avec une rare logique, exempte de toute grandiloquence, doublement forte de sa simplicité et de sa précision, de la crise martiniquaise. J'ai admiré une merveilleuse intuition de l'âme du petit cultivateur nègre. — Voir encore un ouvrage de Schœlcher à propos de la crise de 1881 (paru en 1882) et Octave Hayot : *Matériaux sur l'histoire de la Martinique agricole*.

l'obligation d'acheter un litre de farine coûtant
o fr. 50 et o fr. 60 et une livre de morue au prix
de o fr. 60 et o fr. 80, ce qui faisait, en grou-
pant ces deux chiffres, une somme supérieure au
salaire maximum des ouvriers. Comme je de-
mandais aux ouvriers en 1898 comment ils faisaient pour vivre, voici la réponse que j'ai moi-
même recueillie : « Eh ! bien, nous « avons dû
supprimer un repas par jour pour pouvoir vivre. »
On pourrait objecter à M. Gerville-Réache
qu'un homme ne mange pas une livre de morue
par jour. Précisons donc : il faut au moins, par
repas, à un ouvrier créole pour lui et une famille
moyenne 3 sous de morue salée, 2 sous de graisse,
de 3 à 6 sous de riz suivant le cours, 2 sous d'in-
grédients et légumes divers, 2 sous de boisson,
soit de 12 à 15 sous. On peut tabler sur une
moyenne de 20 sous. Et il lui faut se vêtir, se
loger (de 8 à 15 francs par mois), se meubler, etc.
Aussi la race insuffisamment nourrie s'étiole avec
une progressité effrayante : un créole d'aujourd'hui
travaille trois fois moins que son grand'père (1),

(1) « Un agriculteur européen ne fait-il pas trois fois autant
d'ouvrage dans sa journée que le noir, le Malgache ou l'Anna-
mite le plus laborieux ? » De Lanessan : *Les Concessions coloniales.* (*Revue diplomatique et coloniale*), 15 mars 1897, p. 73.

dans presque toutes nos colonies le travailleur indigène est deux fois moins capable que l'Européen dépaysé et non encore acclimaté ; à Madagascar, les Européens sont plus endurants que beaucoup de créoles, depuis deux générations « minés » par les fièvres. La main d'œuvre créole fera quelque jour complètement défaut ; déjà les domestiques « potables » dont le service urbain est autrement doux, sont presque introuvables et quelques personnes sont obligées de faire venir des domestiques d'Europe, les domestiques créoles étant sans cesse malades, nonchalants — d'anémie plus encore que de paresse, — réduits qu'ils sont à entretenir leur famille souvent de cinq à six enfants avec un salaire de 25 à 30 fr. par mois (nourriture y comprise). On s'indigne parfois qu'ils volent. Et le prolétariat des domestiques va sans cesse croissant, accru de l'apport des blancs tombés à la misère et réduits à servir leurs semblables « blancs », voire les mulâtres et noirs aisés.

Au point de vue historique, on a coutume de dire que c'est la suppression de l'esclavage qui fit la ruine des colonies, mais il n'est rien de plus faux : c'est le système esclavagiste lui-même qui, insensiblement, les épuisa, qui, encore aujourd'hui, sous des noms d'emprunt, épuise les nouvelles possessions, portugaises et anglaises et principalement le Congo belge, immense périssoir des races africaines (1). En effet, la facilité de trouver des bras à bon marché faisant conserver les vieilles machines impossibles que, par de séculaires habitudes de routine, on garda même après 1848, le régime de l'esclavage habitua au gaspillage des bras, des capitaux et des forces productives du sol. Les propriétaires d'aujourd'hui sont très souvent les petits-fils routiniers des anciens possesseurs d'esclaves et persévèrent au gaspillage qui, au surplus, est la marque distinctive des grands seigneurs — cela aussi bien à la Jamaïque qu'aux Antilles et aux Mascareignes. Encore — et toujours conséquence de l'esclavage — il y a prolétariat dans toute la classe agricole (propriétaires et ouvriers) parce que ni le maître ni l'employé *n'aiment* le sol comme nos paysans de France. « L'esclave déteste le sol : l'homme de couleur et l'affranchi le méprisent et le blanc l'exploite à

---

(1) Voir *Hassin*, remarquable nouvelle de Jean Hess, publiée dans la *Revue de Paris*, et divers ouvrages, dont : *Au Congo belge*, de Pierre Mille (1889); duc d'Uzès : *Lettres du Congo*, *Revue de Paris*, 15 novembre 1899.

la hâte comme une mine qu'on fouille avidement avec la pensée d'un prochain abandon (1).

L'esclavage détourna la race domestiquée de toute idée d'économie, l'habitua à jouir à l'instant de ce que le hasard ou le caprice des maîtres lui offrait. D'ailleurs elle fut uniquement employée aux grandes cultures de gros rapport ; les cultures vivrières furent complètement abandonnées ; même celles importées par certains gouverneurs philanthropes et intelligents comme La Bourdonnais furent délaissées. Aujourd'hui même, la classe pauvre est soumise aux fluctuations des cours du riz, elle est à la merci des arrivages des cargaisons, son estomac est la table de jeu même du spéculateur. Tous les agents de change et autres membres de la caste financière ont pourtant traduit dans leur jeunesse quelque texte latin commentant l'apologue de Menenius Agrippa.

Dans les nouvelles colonies (et même en Algérie), les grandes propriétés appartiennent pour la plupart à des compagnies ; il est rare qu'elles soient florissantes, mais ce n'est plus ici du prolétariat, ce sont de mauvaises opérations. En général, les

---

(1) Garnier. *Revue coloniale*. 1847. A propos de l'agriculture à la Martinique.

petits propriétaires, établis depuis assez longtemps dans le pays, ne sont point, à proprement parler, des prolétaires, même quand leurs opérations ne sont pas très fructueuses, parce que, déracinés de la métropole, isolés des centres mondains, ils se sont vite faits aux mœurs simplistes des pays nouveaux, ils n'ont plus les besoins de l'homme de société, ils ne songent plus qu'à vivre la vie simple de famille, sans dépense de luxe, sans exigence de superflu. J'en prendrai volontiers à témoignage le portrait que M. Louis Vignon fait de « l'Algérien ».

Il nous le représente plus intelligent, moins arriéré, plus énergique et volontaire que le paysan français, et, ce qui attire particulièrement notre attention, doué de bon sens pratique, marquant même un individualisme un peu excessif de l'âpreté, le mépris du faible (1), bref, presque le type du colon anglo-saxon qui tombe si rarement dans le prolétariat, beaucoup plus près de « l'Américain » (des États-Unis) que du Canadien du XVIIIᵉ siècle. Il vit assez largement la vie robuste et substantielle des patriarches, seulement modernisée

(1) Vignon, *op. cit.*, p. 187. *Sur la situation générale de la propriété algérienne,* voir le rapport de Burdeau en 1891.

d'une dose de struggle-for-life. Et il a beau être privé de ce qui lui eût été indispensable en France, il n'est pas prolétaire.

Beaucoup d'autres aussi « font travailler leur terre par des khammès misérables, qui leur font rendre seulement 7 hectolitres de blé à l'hectare (1) », ne mettent jamais la main à la charrue, vivent à crédit, transforment leurs maisonnettes en cabarets dont ils sont le principal client. De même à Madagascar, où échouèrent, pour des causes analogues, certaines tentatives de colonisation agricole. Il n'en reste pas moins qu'en général les colonies nouvelles étant riches en produits vivriers, les agriculteurs qui s'y sont acclimatés, n'ayant à s'occuper que du nécessaire, vivent une existence simple mais copieuse.

10° OUVRIERS ET ARTISANS DES VILLES. — Il n'y a pas aux colonies de grands ateliers industriels urbains où s'enrégimentent les fournées d'hommes soumis au joug de la concurrence. Les patrons de petits ateliers, étant en général sans instruction et peu économes, vivent au jour le jour, ne s'enrichissent jamais, ne s'embourgeoisent pas. Ils ne

____

(1) *Guide de l'Immigrant*, passim.

savent donc pas asservir leurs apprentis qui se font assez bien payer. Les bons artisans étant rares, la besogne et l'argent se répartissent presque également entre tous. C'est là que le prolétariat est le moins dur.

Les ouvriers de corvée employés par les services de l'Etat ou les services locaux reçoivent un salaire assez élevé proportionnellement à la somme de travail fourni, mais insuffisant à les faire vivre assez largement. Il vaudrait mieux exiger double travail — ce qui serait au moins aisé — et donner une solde leur permettant de se nourrir substantiellement. Plus heureux actuellement que les ouvriers des champs, ils n'en sont pas moins tenus à ne presque jamais acheter de viande ni de pain. Ils « trompent la faim » avec des aliments lourds et des alcools à bon marché.

Encore doivent-ils de trouver assez facilement du travail à l'incurie et à la routine, nombre d'usines ayant conservé *par économie* une grande partie de leur vieux matériel, et, par suite, le machinisme étant encore très peu développé aux colonies. Beaucoup n'ont pas encore remplacé les paniers par les turbines et continuent pour cela à employer d'importantes équipes.

11° Boutiquiers et Commerçants. — Ils étaient autrefois très heureux, presque fortunés. L'émigration constante des Chinois et des Hindous, venus d'abord comme coolies, puis établis en boutiquiers, a fait peu à peu leur ruine. Aux Mascareignes, il n'y a plus de petit épicier créole ; tous ont été chassés par le Chinois, plus insinuant et frelateur, et qui aussi vit de rien. De même, le commerce de mercerie se localise presque tout entier entre les mains des Arabes, auxquels viennent s'adjoindre depuis cinq ans les Italiens. Les marchands de modes et confections peuvent à peine tenir ; si quelques-uns font encore des bénéfices, ils le doivent à deux raisons : 1° la population étant essentiellement frivole, met tout son argent dans l'habillement, ce qui permet à tous les marchands, si nombreux qu'ils soient, de vendre assez ; 2° les Arabes et les Chinois n'ont pas encore acquis le chic parisien, les petits trucs de la mode. Mais déjà les métis de Chinois et de créole s'assimilent rapidement les goûts européens et, dans une vingtaine d'années, ils auront remplacé tous les marchands de confections européens.

II

Il y a en outre diverses sortes de prolétariat qui sont spéciales aux colonies.

1° De toutes, la plus caractéristique est celle que l'on pourrait appeler : LE PROLÉTARIAT BLANC. Aux vieilles colonies, toute la classe blanche est plus ou moins prolétaire, ayant été très riche et étant assez brusquement tombée à la médiocrité depuis 1848, date de l'émancipation des esclaves. Les parents ont mangé le verjus et les dents des enfants sont agacées. Les enfants ont été élevés suivant les procédés antiques (comme dans beaucoup de familles nobles de la métropole) et initiés aux mêmes besoins et désirs que la pauvreté n'a pas taris chez les parents. Le même besoin de représenter avec faste qui était l'orgueil des planteurs créoles et fit leur vieille réputation de splendide hospitalité, persévéra chez les descendants, d'autant plus impérieux que contrarié, et qu'il leur est dur de voir enrichis et somptueux nombre de noirs, fils des anciens esclaves de la famille. Puis, les blancs s'étaient habitués à dominer, à donner des ordres : il leur faut maintenant s'astreindre au travail personnel : c'est toute une éducation nouvelle, combien difficile, des organismes accoutumés à l'indolence. La grand'mère avait une esclave pour ramasser le mouchoir tombé à deux pas, la petite fille qui tient d'elle un tempérament délicat, doit asseoir son élégante neurasthénie à la table de rude besogne, courber sa taille fine de « femme » de luxe sur la machine à coudre. Presque toutes les jeunes filles de famille sont profondément anémiées : les médecins leur ordonnent les vins fins et les viandes délicates et elles sont réduites à broder cinq à six heures par jour — tant que les yeux ne pleurent pas — pour faire de la dentelle à 2 ou 3 sous le mètre. Il y a de nombreuses familles où, contre deux garçons à peu près décemment appointés, il y a cinq ou six demoiselles qui gagnent de 35 à 50 centimes par jour. Que faire sans cela ? Quels métiers peuvent s'offrir « à une jeune fille de la société » ? Etre demoiselle de magasin, livrée à la promiscuité des maîtres et des commis, c'est impossible : à peine, depuis deux ou trois ans, quelques courageuses exceptions. Etre institutrice, c'est 20 francs par mois, toute la journée prise, et les places sont rares. Alors on fait secrètement un « petit commerce » de confitures, de pots de mousse, on vend plus ou moins du vin en fraude (c'est la grande ressource des familles pauvres auxquelles peut difficilement se refuser la clientèle des amis et parents ; quelques-unes tiennent dans leurs armoires de menus magasins d'épicerie). Mais prendre un métier, c'est déroger d'abord, c'est ensuite s'exposer à ne plus avoir le prestige nécessaire auprès des jeunes gens à marier. Jeunes gens à marier ? Rares princes charmants des rêves vains, aux colonies plus que partout ailleurs, la moitié des adolescents s'expatriant vers Paris, l'Indo-Chine, Madagascar, les Etats-Unis. Ah ! le prolétariat des filles à marier, le plus pitoyable de tous, non pour de seules raisons de sentimentalité, mais par le sentiment qu'il est le plus injuste de tous et qu'il est l'œuvre néfaste de la société entière et particulièrement des hommes uniquement préoccupés de garder des vierges à leur désir et à leur vanité, les maintenant toutes dans la misère et l'obscurité pour pouvoir y choisir plus à l'aise les dociles esclaves, les emprisonnant par les préjugés qui sont les vrais eunuques de nos harems occidentaux, — prolétariat des filles à marier, gaspillage d'incalculables forces sociales et énergies vitales.

Or, un remède est possible : aux vieilles colonies il y a pléthore de filles à marier, aux nouvelles, disette absolue (1). En Indo-Chine, à Madagascar, en Nouvelle-Calédonie (moins), au Sénégal, nos fonctionnaires et colons se prostituent en de malsains accouplements. La race s'épuise de sa stérilité même. Pourquoi — et malheureusement les exemples sont trop rares — pourquoi nos jeunes filles des vieilles colonies n'émigreraient-elles pas vers les nouvelles, n'iraient-elles pas bravement, franchement, loyalement et pour cela non sans fierté à la conquête de maris, à la reconquête de nos jeunes gens compromis en de dégradantes unions ? Ne serait-ce pas là aussi pour elles une œuvre de colonisation pleine de beauté, grande d'héroïsme, bien digne de la vaillance de ces nombreuses filles de France dont Rosny nous a érigé le type synthétique en sa belle *Indomptée* (1894), la vraie « femme nouvelle ».

2° Il y a aussi le PROLÉTARIAT MULATRE. Les « gros noirs », les noirs franchement noirs, n'ont pas beaucoup de besoins, mais les métis, physiologiquement comme démographiquement, éprou-

(1) MM. Chailley-Bert, d'Haussonville et quelques autres se sont occupés de cette importante question avec un intelligent patriotisme qu'on ne saurait assez louer. Malheureusement, comme cela ressort de leurs conférences, leur science des mœurs coloniales est trop livresque, par suite superficielle.

vent celui de se rapprocher sans cesse des blancs, de remonter au niveau de l'ancêtre blanc. Produits d'unions déclassées, de mélanges hâtifs d'éléments disparates et inselects, ils ont hérité des défauts plutôt que des qualités de leurs parents. Véritables parvenus, autant au point de vue ethnique que social, ils sont superficiels et vains, tout à la parade. Paraître, tout est là pour eux, et, pour paraître, imiter. Ils imitent les blancs, et suivant la règle allégorisée par le fabuliste national, ce sont les défauts qu'ils imitent. Ils mettent tout l'argent dans le décorum, dépensent quatre fois plus qu'ils ne gagnent. Le décorum, d'ailleurs pour eux, se réduit à la toilette et à cette sorte d'instruction, vêtement léger et froufroutant, de ce que, par assimilation, on appelle la pensée. Les enfants sont mis à l'école comme les enfants des blancs, y acquièrent cette culture superficielle qui, loin de les satisfaire, exaspère en les aiguisant les vanités, les cupidités et les appétits. Ce sont les prostitués sociaux : les hommes font volontiers commerce de leur conscience et les femmes de leur corps. Une négresse se vend pour gagner sa vie, par misère ; une mulâtresse pour mener une vie plus luxueuse, par prolétariat. Le représentant social le plus distinctif de l'espèce, est la petite couturière, le trottin colonial qui, fille instruite, de parents humbles, marchant souvent les pieds nus, emploie *tout* son salaire à l'achat de petits corsages pimpants et de souliers criants.

3° PROLÉTARIAT DES INTELLECTUELS. — Tous les intellectuels sont forcément, aux colonies, des prolétaires, et il est à cela de multiples raisons. Le développement intellectuel est excessivement restreint : il n'y a pas d'universités, pas de salons, pas de groupements artistiques, à peine une ou deux bibliothèques médiocres par colonie, surtout pas d'élite lettrée. En effet, les lauréats des lycées vont pour la plupart en France et y restent généralement. Ceux que retiennent les contingences, se trouvent isolés, épars, intimidés ou écrasés par la grosse masse bourgeoise anti-intellectuelle. D'autre part, les seules personnes cultivées que leur métier même retient aux colonies, je veux dire les professeurs et certains fonctionnaires, sont muselés par une loi barbare digne d'authentiques peuples sauvages. Défense expresse à ceux-là seuls dont l'éducation fait une compétence d'assez large planement, de dire ce qu'ils pensent sur telle ou telle question sociale, même sur un point d'esthétique, sans être astreints à d'interminables et humiliantes formalités de sollicitation. Aussi le journalisme est-il tombé au-dessous du détestable : il est le champ ouvert aux stupidités prétentieuses et aux pleurnicheries locales et la profession est décriée : c'est celle des ratés. On peut même dire que le journaliste n'existe plus aux colonies, toutes les feuilles se contentant de préfacer les commérages locaux par les articles empruntés aux journaux de Paris. Un créole veut-il prendre la plume pour s'essayer au rôle social qui lui incombe : c'est la levée de boucliers de toutes les aigreurs et les rancunes des ratés provinciaux. Dans une colonie de 200.000 âmes, il n'y a pas un individu qui puisse vivre de sa plume ou de son pinceau. Les libraires mêmes ne peuvent tenir, font faillite, doivent se raccrocher dans leur chute rapide à quelque commerce de papeterie, voire de chapelets, reliques de Lourdes et autres bondieuseries.

A peine peut-on faire quelque exception pour notre double colonie du Maghreb. A Alger il y a un petit centre intellectuel (d'ailleurs il y a une université où professent des esprits de valeur) ; vu la proximité de l'Europe les artistes et hommes de lettres y séjournent ; surtout la question judéo-nationaliste entretient une fermentation cérébrale assez propice à l'éclosion des idées. Mais tout de même le public est trop restreint et trop flottant pour que l'intelligence y puisse compter sur une suffisante clientèle.

4° Enfin dans les nouvelles colonies, il y a ce que l'on peut appeler le PROLÉTARIAT DES ÉMIGRANTS. Je ne veux point parler des agriculteurs ou des industriels qui, établis dans les conditions normales, ne peuvent réaliser les avantages qu'ils avaient escomptés, pour avoir subi des épreuves diverses, essuyé des cyclones ou des épidémies : les agriculteurs ou industriels de France sont sujets à d'analogues vicissitudes ; leurs confrères des colonies rentrent dans les classes de prolétariat déjà énumérées. Pour prendre un exemple, nous ne pouvons pas considérer comme des prolétaires, les colons de district de Vatomandry qui, ayant fait d'assez sérieuses plantations de cotonniers, n'ont pu se procurer de main-d'œuvre au moment de la récolte, ont vu le coton mûri enlevé par le vent ou rougi par la pluie (Guide, t. II, p. 560). Je veux parler des émigrants qui viennent d'arriver aux pays nouveaux et qui s'y trouvent immédiatement, toute question d'exploitation mise de côté, dans de déplorables conditions d'existence, — de ceux qui sont de vrais émigrants et ne sont pas encore devenus des « habitants », des coloniaux. Les plus typiques sont ceux qui ont vogué, légers de cœur

et de raison vers les Eldorados. Les désastres sociaux de la Nouvelle Californie, épilogues nécessaires de ces modernes croisades, se sont reproduits,
plus modestes, mais encore déplorables, qu'en
Nouvelle-Calédonie, surtout en Guyane : nombre
de Français y sont venus échouer dans les plus
piteuses conditions. Ceux qui ont survécu traînent
dans une lamentable misère, d'autant plus noire
que les rêves avaient été plus dorés et que même
leurs antérieures positions avaient été plus douces.
Encore en Nouvelle-Calédonie, beaucoup purent-
ils chercher des compensations en l'agriculture qui
est aisée et assez rémunératrice, mais le climat et
les marécages de la Guyane furent ingrats aux
chercheurs d'or qu'y avait attirés la découverte
des placers en 1854. Les créoles eux-mêmes
abandonnèrent la côte et la médiocrité fami-
liale de leurs petites plantations et de leurs
ateliers ou boutiques pour les régions minières,
et presque tous se ruinèrent dans des prospections
hâtives et fortuites. Toute industrie avait été par
eux abandonnée : ils furent les premiers à en souf-
frir, les objets de nécessité étant devenus très
chers et leur bourse plus pauvre ; des milliers
de jeunes gens moururent dans les forêts et
d'autres milliers durent quelquefois en attendant

le rapatriement, végéter une sous-vie sordide.

L'administration sur laquelle en France, pays d'adultes, on rejette un peu trop aisément tous les torts, mais qui, au contraire aux colonies, est tenue au rôle de tutrice, est souvent la grande coupable, raccoleuse de prolétaires. Elle ne fait rien pour instruire à l'avance l'émigrant qui vient quêter les nécessaires renseignements au Pavillon de Flore, grande serre d'incurie et de paresse. Il faut d'autant plus louer le gouvernement général de Madagascar qui vient de publier chez Colin le guide de *l'Immigrant à Madagascar* (1), œuvre minutieuse et de parfaite intelligence où l'émigrant français peut cueillir en grappe les renseignements les plus précis sur la région visée, les conseils pratiques et l'expérience des déboires par d'autres déjà essuyés. On n'a malheureusement fait rien de comparable pour les autres pays. Qui s'embarque pour la Calédonie ou le Tonkin est obligé à une virginale ignorance de ces pays, ne pouvant lire tous les ouvrages publiés pour y pêcher les notations qui lui peuvent être particulièrement utiles.

La plupart s'embarqueraient volontiers pour

(1) 3 volumes et 1 atlas aussi soignés au point de vue de la librairie que du texte.

Cayenne ou Libreville, comme ils prendraient le
train pour Marseille avec l'argent indispensable au
voyage et un mois de vivres. Or, il faut en
moyenne un capital de 5.000 francs à tout nouveau débarqué en une quelconque de nos colonies.
Même en Algérie, un décret du 30 septembre 1878
avait décidé qu'il n'y serait accordé de concession
qu'aux immigrants possédant un capital de 5.000
francs, d'après certificat du maire de leur localité
natale. Mais cette signature n'engageant à rien le
maire, il la délivre avec empressement à tous ses
administrés malheureux, même volontiers, très
satisfait d'en débarrasser sa commune : il les envoie
« faire f... ortune aux colonies ». « Prolétaire
agricole hier, propriétaire aujourd'hui, le colon
se laisse griser » (1). Même celui qui a 5.000 francs
est vite à sec : « Son compte est facile à établir :
une maison de deux pièces avec une petite écurie :
1.500 francs ; le matériel agricole indispensable et
deux bêtes de trait : 1.000 francs ; les gros travaux
de défrichement, etc., pour 6 ou 8 hectares seulement (et non les 25 à 30 de la concession) :
1.500 francs au minimum ». Il reste au plus
1.000 francs pour l'imprévu et pour vivre. L'usu-

(1) Louis Vignon : *L'Algérie*, p. 108.

rier juif ne tarde pas à venir décorer les maisons de ses vieilles peaux de bêtes. Résultat: « La propriété non bâtie supportait, au 1ᵉʳ octobre 1892, pour environ 205.710.844 francs d'hypothèques conventionnelles » (1). En un espace de dix ans, 100.000 personnes ont été évincées ou déchues des concessions. — Prenons une colonie toute différente: la Nouvelle Calédonie. Selon M. Froidevaux, (2) un capital de 5.000 francs est également nécessaire, avec lequel ils puissent « sans emprunter, attendre les premières récoltes sérieuses de café, comme il ressort d'une enquête instituée auprès d'habitants honorables et ayant admirablement réussi en Calédonie. »

Il est inutile de dire que très peu le possèdent : un bon quantième des colons échoue en la plus complète misère, bientôt condamné à un dur domestiquage au chef-lieu ou à la promiscuité avec les libérés. Il est à regretter que Michel Villaz, dont le comité Dupleix a publié les intéressants *Débuts d'un émigrant à la Nouvelle-Calédonie*, ne nous ait pas donné quelques détails sur la vie de ses compatriotes. Reproduisons au moins les chif-

(1) Louis Vignon, p. 217.
(2) *Economiste*, 1897.

fres qu'il note : « 5.000 francs suffiront pour un homme seul ; ils ne suffiront pas pour une famille… C'est un compte minimum de 6 francs par jour, soit 2.000 francs ». Le témoignage de cet homme d'expérience, dont le gouverneur Feillet proclame la sagesse dans une préface, est précieux. On voudra bien se rappeler que la Nouvelle-Calédonie est peut-être la colonie la plus favorable à l'Européen.

S'il n'a pas trouvé en France de fonctionnaire capable de l'instruire, le colon n'en rencontre que trop aux colonies, qui même volontiers se chargent de l'effrayer et de le décourager. En cette question le témoignage de M. Villaz, toujours garanti par le gouverneur de la colonie, garde sa valeur. « Ici le fonctionnaire est une plaie, il y en a des tas et tous se récrient si on leur procure la moindre besogne » (1). Et il conte même une savoureuse histoire de juge très caractéristique (2). On se rappelle les fortes pages documentées de M. Jules Durand sur les mêmes fonctionnaires (3). M. Pierre Leroy-Beaulieu écrivait au cours d'un voyage en

(1) P. 25.
(2) P. 85.
(3) *Revue des Revues*, 1er septembre 1899.

Indo-Chine : « Les résidents paraissent craindre qu'une influence européenne autre que la leur vienne s'exercer sur les individus de leur province; ils sont alarmés aussitôt qu'un colon s'y établit ; ils voient en lui un rival. Aussi lui rend-on la vie aussi peu agréable que possible ; loin de lui faciliter sa tâche, loin de le faire respecter des Annamites, il semble qu'on cherche à le déconsidérer à leurs yeux (1) »…. (Suivent des exemples probants). Au Sénégal, dans toutes les colonies de régime militaire, et, paraît-il, même au Gabon et au Congo, on sait combien le militaire est peu disposé à accueillir le civil, le pékin. Les vigoureux articles, puissamment documentés de Jean Rodes et de Vigné d'Octon, le disent avec une ardeur qui fut nourrie de trop d'expérience.

III

Au fur et à mesure de l'énumération des diverses espèces de prolétariat, les remèdes particuliers ont pu être conseillés. Quelques-uns communs à toutes s'imposent, qui sont de deux ordres : matériel et moral.

______

(1) *Economiste français*, année, 1898, tome I page 766.

Des premiers il en est un qui est d'exécution difficile et qui exige de la main hardie la plus minutieuse délicatesse. C'est plus qu'un remède, c'est une opération. Il ne s'agit rien moins que d'amputer le système économique colonial d'une plaie, foyer de parasites. Il ne s'agit rien moins que de canaliser le cours trop irrégulier des monnaies. La nécessité de cette œuvre d'utilité publique ressort évidente d'une forte page très nette et très explicite de M. de Lanessan : « Le commerçant qui achète en Europe des produits destinés à être vendus dans l'Extrême-Orient voit sans cesse leur prix en piastres augmenter dans des proportions supérieures à celles qu'il peut atteindre, quand il les vend aux habitants de l'Extrême-Orient. Je suppose qu'un négociant français de Saïgon fasse venir de France une étoffe valant sur notre marché 100 francs la pièce. Comme il est obligé de payer en piastres, parce que c'est la seule monnaie qu'il ait en caisse, le nombre de piastres qu'il versera variera d'après le cours de la piastre en Europe. En janvier, par exemple, si la piastre vaut en Europe, 4 fr. 25, il il se libérera moyennant 23 piastres et une fraction. Comme il a l'habitude de vendre cette même pièce d'étoffe 30 piastres à Saïgon, il fera sur elle un bénéfice de près de 7 piastres. Mais un mois plus tard, la piastre a baissé et ne vaut plus que 4 fr. 25 en France : pour se libérer vis-à-vis du même vendeur et de la même pièce d'étoffe, il devra verser 25 piastres et ne gagnera plus que 5 piastres, car l'acheteur saïgonnais, pour lequel la valeur libératrice de la piastre n'a pas varié, ne lui permettrait pas d'élever le prix de la pièce d'un jour à l'autre (1) ».

Il n'en va pas très différemment aux autres colonies, même dans les vieilles, et dans certaines, comme la Réunion, la Martinique et la Guadeloupe, que leur situation d'île, éminemment indépendante, libère de nombreuses contingences. Si, en Indo-Chine, il est à peu près impossible de faire disparaître le change puisque sa proximité de l'énorme monde chinois, dont pour beaucoup il importe avant tout qu'elle soit le transitaire, l'oblige à accepter la monnaie impériale, on peut assez aisément, par méthode progressive, arrriver à évincer de Madagascar toute monnaie étrangère, le commerce qu'elle fait avec l'île Maurice, la côte

---

(1) Sur la question de monnaies, lire les chapitres spéciaux des bons manuels de MM. Rougier et Girault. Sur les avantages généraux de l'unification des monnaies, cf. A. Marsault : *De l'Unification des monnaies* (1889).

Mozambique, le Transvaal et Natal étant relativement restreint, et comme ces pays sont, sauf le Transvaal qui a absolument besoin de ses bœufs, de beaucoup moindre importance économique, Madagascar peut prétendre à leur imposer sa loi monétaire.

Le change, dont bénéficient les gros agriculteurs et quelques budgétivores, doit être réduit à sa plus simple expression pour l'avantage général. Outre les inconvénients qu'il présente au point de vue strictement économique, — par exemple le créole de Bourbon achète beaucoup de chose dans l'île anglaise voisine (Maurice) parce que l'argent français y a plus de valeur qu'à la Réunion, d'où pertes pour le commerçant français très marquantes certaines années, par suite causes nouvelles de prolétariat — la variabilité de la valeur des monnaies aux colonies oblige le colon ou le créole au désordre, à l'inconstance : variabilité, d'où versatilité. Parfois le commerçant a les plus grandes difficultés à faire son « plan de bataille » annuel, la piastre ayant successivement monté et baissé plusieurs fois dans la même année, car comment alors calculer ?

Encore, lorsque le change est bas, il fait d'importantes commandes qui souvent lui restent sur les bras. C'est un perpétuel état de malaise social, une incertitude générale très évidente aux colonies : aux colonies le commerce aussi a la fièvre. Le change qu'on a trop justement appelé le pouls économique bat la breloque. Et l'on sait combien le créole souvent par nécessité ethnique et toujours par influence climatérique, est déjà de son tempérament inconstant et incertain. Une telle mentalité, c'est le meilleur bouillon de culture du microbe du prolétariat.

Autre chose : l'absurdité des tarifs douaniers — œuvre patiente de l'Arachné bourgeoise et si volontairement compliquée, — déjà notoire en France où l'attaque avec tant de justice et de logique le parti socialiste, est plus évidente encore et néfaste aux colonies. Jamais on ne voit mieux que par eux combien on les a toujours regardées comme des pays d'exploitation. Sans d'ailleurs suffisamment protéger les produits français, nos modernes économistes officiels ont frappé de droits exorbitants les matières étrangères de première consommation dont la France souvent ne saurait fournir de similaire. On surchage les objets de première nécessité et l'on ne taxe point suffisamment les objets de luxe. Alors le colon s'habitue à remplacer dans son budget l'achat des choses utiles trop coûteuses par celui de bibelots.

Tout créole soucieux des intérêts de son pays a eu maintes fois l'occasion de sentir combien était néfaste le régime économique bourgeois qui pèse encore plus lourdement sur les colonies que sur la métropole. Les européens eux-mêmes ont été forcés de le constater. « On ne saurait, écrit Monchoisy (R. 2 M. 15. 9. 93), se dispenser de constater que les budgets locaux ont été bouleversés par l'application du tarif général des douanes et qu'il en est résulté un accroissement de charges qui retombe presque tout entier sur les travailleurs et les pauvres gens. » Le publiciste parle ici du tarif imposé par la loi du 11 Janvier 1892, laquelle supprima l'autonomie commerciale des colonies, interdit à chacune d'affranchir certains produits étrangers qui lui étaient particulièrement utiles. Il est vrai que les articles 3 et 4 de cette loi, par une nécessaire réserve, autorisaient les conseils généraux à solliciter le dégrèvement de certains produits ; mais au fait ceux-ci n'ont obtenu que de modestes adoucissements et la loi impérialiste de 1892 a sévi avec rigueur. A la Guadeloupe par exemple elle imposa des droits prohibitifs sur la morue qui, comme l'a dit à la chambre son député Gerville-Réache, est un des principaux

28.

aliments des prolétaires; aucun dégrèvement n'a été accordé sur les tissus, cotons, non plus que produits fabriqués de première nécessité. A la Martinique, elle supprima l'exemption complète accordée à tous les produits alimentaires. La Guyane souffrit encore davantage. Pour la Réunion le décret du 26 Janvier 1892, sorte d'accommodement plus ou moins tartuffien de la loi du 11 Janvier, ne maintint d'exception que pour les viandes salées, les farineux et les animaux vivants, ce qui s'imposait absolument si on ne voulait pas réduire la classe pauvre, pour qui la viande de bœuf était déjà un reconstituant de luxe, à une demi-famine.

Un remède encore serait évidemment la réforme du fonctionnarisme qui est la grande plaie coloniale, car il est évident que dans tout endroit où il y a abondance de paperassiers, c'est-à-dire un nombre de « gosiers affamés » mathématiquement égal à la moité des bras inutiles, il faut qu'il y ait des gens dont les bras servent à emplir ces gosiers. La misère publique est proportionnelle au nombre de ceux qui vivent du travail d'autrui et avec elle se développent les prolétariats. Mais de tels remèdes ne sont qu'accessoires. La solution se trouve dans la réforme morale.

Il n'en restera d'ailleurs pas moins vrai que certains réglements seront d'une incontestable utilité pratique et faciliteront la réforme morale elle-même. Des réglements conçus dans un esprit très large et très souple, essentiellement libéraux, et en outre des instructions, des exhortations, des encouragements émanant du pouvoir. Lorsque le pouvoir était personnel, il ne les ménageait point ; pour avoir été reporté au peuple tout entier, pour être devenu de monarchique, républicain, il n'en doit pas moins conserver jalousement son caractère d'entente morale autant que politique. Les ministres depuis quelques années ont pris l'habitude d'avis économiques intelligemment distribués aux chambres de commerce coloniales (1) ou autres assemblées et collèges locaux ; qu'ils prennent l'initiative de donner des conseils moraux (2) ; ils ne seront peut-être pas plus souvent écoutés que les autres, mais ils le seront tout autant. Entre autres choses qu'on fasse valoir la vertu de l'association ; le créole plus qu'aucun autre en a besoin ; produit du croisement de diverses races, il n'appartient complètement à aucune, il est resté hésitant entre

(1) Notamment la circulaire signée Georges Trouillot, de 1898.

(2) Il faut pourtant remarquer la circulaire de 1894.

toutes, il est plus qu'individualiste, il est anarchiste. Il a besoin d'un chaleureux enseignement, l'histoire fournira le texte des leçons. « Vous m'alléguez, écrivait Colbert à un de ses agents établis à Marseille, les Anglais et les Hollandais qui font dans le Levant pour 10 à 12 millions de commerce : ils le font avec de grands vaisseaux ; messieurs de Marseille ne veulent que des barques afin que chacun ait la sienne (1).

Nous ne le saurions assez répéter, la solution se trouve dans la réforme morale. Une raison suffisante en est que, bien plus que la misère, le prolétariat est œuvre des mœurs. Et ce qui fait précisément qu'il est plus aigu aux colonies qu'en France, c'est que la population en a généralement été formée non tout à fait de la lie métropolitaine — ce qui n'est même à peu près vrai que des fonctionnaires — mais des couches les moins régulières, les moins stables de la nation.

Sans nul doute, il faut s'apitoyer sur les prolétaires qui sont encore trop souvent les victimes des classes privilégiées, mais il faut également reconnaître avec franchise que beaucoup sont en grande partie l'immédiate cause de leur propre

(1) Colbert cité par Levasseur (*Hist. des classes ouvrières*), tome II, p. 229.

malheur. C'est dans ces pays de nature splendide, plus encore que dans la médiocrité de la zone tempérée, qu'on devrait sentir combien les fades élégances et les fauses dorures de la société sont de peu de prix. En ces pays de merveilleuse luxuriance, *être* simplement est déjà si beau que *paraître* ne peut être qu'un jeu vain et stupide en sa frivolité, une mascarade inintelligente, une grimace de singe en la magnificence des forêts. Pourquoi donc ne pas se résigner délibérément à paraître ce que l'on est au lieu d'employer toutes les ressources de son génie à être *pour les autres* ce que l'on ne peut pas être ? Assez de vaine parade, assez d'économiser sur l'estomac pour acheter une dentelle. Point de robes enrubannées sur des corps rachitiques. Que les créoles, dont si souvent, aux jours premiers des colonies, les pères connurent l'heureuse simplicité de la vie patriarcale, répudient les mœurs des civilisations décadentes de l'Europe au lieu de s'amoindrir à les imiter ; qu'ils retournent vers la beauté des âmes fortes dans la souple liberté des corps et des lins.

Que le nouvel émigrant à son tour n'apporte point aux continents neufs les défauts du vieux monde, qu'avant toute chose il n'y soit plus le contribuable effaré et le citoyen roi-fainéant, toujours

en quête de la direction et de l'aide de fonctionnaires. Il est malheureusement vrai que, si
l'Etat abandonne trop souvent le colon, celui-ci
s'habitue trop aisément à vouloir tout tirer de
l'Etat.

L'émigrant, au lieu de s'embarquer dans un état
d'esprit analogue à celui de l'aventurier qui court
chercher en Californie l'or nécessaire à entretenir
au retour quelques danseuses de l'Opéra, doit être,
dans toute la force même et la beauté du terme,
un *homme nouveau*, ce laborieux vaillant qui,
comme le sujet des *Jours d'épreuve* de Paul Margue-
ritte, abandonne la vétuste terre civilisée d'Europe,
maintenant inféconde poussière de ruines, stéri-
lisée par l'égoïsme et les préjugés, pour la terre
nouvelle dont les fruits nourriront ses enfants.

« Dans les pays chauds et humides l'alimentation est le seul des besoins réels de l'homme,
enseigne le naturaliste Lanessan (1). A peine est-il
nécessaire qu'il se vêtisse et le logement le plus
rudimentaire y constitue un abri contre la pluie,
seul accident du climat qu'il ait à redouter. » Sans
doute l'Européen y sera tenu à plus d'industrie
que l'indigène, mais pour lui aussi la féconde

_____

(1) Page ix Introduction à son *Expansion coloniale de la
France*.

exubérance de la terre tropicale fait l'alimentation plus aisée ; quelques heures de travail lui suffisent à se procurer le nécessaire, mais il travaille davantage pour le superflu, attelle à une besogne pénible les heures que la nature lui avait données, lui avait permises pour le rêve et la contemplation. A ces heures le climat commande l'activité métaphysique et nulle autre : l'Hindou primitif le comprit ; mais le moderne Européen, soucieux du luxe et des plaisirs des sociétés artificielles, double son activité physique. Plus d'équilibre ; la nature se rebelle. L'organisme dépérit, que guide toujours la volonté décérébrée. Et bientôt le corps épuisé, qui ne s'allège plus de la floraison de la pensée, ne peut même plus fournir le travail nécessaire à s'alimenter. Et voici qu'au seuil du xxᵉ siècle, au moment où s'accentue en tous les pays d'outremer la crise du prolétariat et où s'annonce quelque grande révolution économique et politique dans le monde colonial, c'est l'autorité morale de Rousseau qu'il nous faut célébrer.

TABLE DES CHAPITRES

AUXERRE. — IMPRIMERIE ALBERT LANIER, RUE DE PARIS, 43

9 782329 512983